KB084214

하루에 한 번씩 울었다.
내가 살아온 삶,
내가 견뎌온 일,
내가 사랑한 사람,
모든 게 뒤엉켜 떠오른
이탈리아였다.

Ⅴ. Sicilia

죽기 전에 꼭 가봐야 할, 죽어서도 꼭 가봐야 할, 살아있을 땐 또 가봐야 할,
사랑하는 사람과도 무조건 가봐야 할 지중해 최대의 섬

- 한낮의 꿈 '타오르미나'
- 활기찬 아침 '카타니아'
- 놀고, 먹고, 사랑하라 '시라쿠사'

Ⅶ. Rome | 모든 길은 로마로 통한다

- 로마에서 만난 남자, 로마에서 만난 여자
- 굿 쇼핑, 굿 야경투어
- 해피 바티칸, 럭키 소매치기
- 로마 출국, 나다운 이별

Ⅷ. Epilgue 1, 2 | 에필로그

여행의 성수기라고 하는 여름이
또 한 번 지나갔다.

지난 여름이 열감이 채 가시기도 전에 와서
지독히도 오래 머물다 가는 계절.

여름처럼 너도 또 한 번 지나갔다.
언제나처럼 다시 와줄 것 같았지만,
영영 오지 않겠다고 했다.

이번 여름엔 그렇게 일과 사랑이 한꺼번에 떠나갔다.
나보다 더 나를 사랑해줬던 사람도,
내 인생 최고로 받던 연봉도 안녕이 되었다.

보낼 준비가 안 된 채 그 모든 걸 보내야 했던 나는
급하게 떠날 채비를 했다.

"나는 이런 일을 하고 있는 무엇입니다"

30대 중반에 이 한 마디가 어려워질 줄은 상상도 못 했다.
내가 그려왔던 건 오히려 반대였다.
적어도 한 분야에서만큼은 십여년의 커리어가 축적돼서
근거있는 자신감이 가득 차있는 모습.. 뭐 그 정도?

하지만 현재의 나는
맛집 도장깨기를 하듯 수많은 명함들을 갈아치우고
또 다시 홀로서기를 하게 됐다.

서른 여섯, 쌓인 명함만 8개.
자랑인가 치부인가.
답이 있겠는가.

명함이 늘어나는 만큼
고단함과 치열함도 무겁게 짊어지고 살아온 나 .
이런 나에게 보상 하나쯤 해줘도 되지 않을까?

나에게 필요한 최고의 보상은
지친 몸과 마음을 위한 건강이었다.
그 곳이 병원은 아니었다.
집은 더더욱 아니었다.

명함을 주고 받지 않아도 되는 곳,
나를 소개하지 않아도 되는 곳이 필요했다.
내가 무슨 일을 하는지, 내가 무슨 생각을 하는지
말하지 않아도 되는 곳.
그 답을 하지 않아도 동등할 수 있는 곳 말이다.

내가 20대라고 해도 웃어 넘겨줄,
내가 아이 둘 엄마라고 해도 아름답게 바라봐 줄,
내가 무직의 백수라고 해도 화답해줄,
그런 곳을 찾기 시작했다.

12   preparation

샤넬 백을 가장 잘 살 수 있는 곳으로 갈까.
비키니만 입고 지낼 수 있는 곳으로 갈까.
눈치 안 보고 음주가무를 할 수 있는 곳으로 갈까.

그것도 아니면,
내가 사는 곳, 내가 보는 사람들과
최대한 멀리 떨어진 곳으로 갈까.

처음부터 이탈리아라는 나라를 가고자 했던 건 아니었다.
이를테면 호주, 스위스, 영국, 스페인, 조지아 등의 여러 후보지가 있었다.
당시엔 너무 가고 싶은 곳이 많아서라고 생각했는데
지금 돌이켜보면 딱히 미치도록 가고 싶은 한 곳이 없었던 것 같기도 하다.
그저 2주 동안 다녀올 수 있는, 적당히 멀고 적당히 큰 나라가 필요했다.

어딜 가든 한 가지만은 명심하기로 했다.
이번 여행은 부디 버려야 할 것은 버리되
아무 것도 잃어버리지는 말아야지.

(참고로 나는 8년 전, 혼자 호기롭게 크로아티아 여행을 가서
여권과 3백만 원을 통째로 잃어버려 곤욕을 치렀다.)

이탈리아 여행을 결심하게 된 가장 큰 이유는,
사람들이 가장 가고싶어 하는 곳이 어디일까에 초점을 두었던 것 같다.
실제로 내 직장인 친구는 본인 대신 이탈리아에 가달라고 할 정도였고,
다른 주변 사람들 역시 많이들 이탈리아에 가고싶어 했다.

기존에 여행 다녀왔던 사람들 또한 추억을 떠올리는 것만으로도 극찬이 자자한
나라였다.
매년 많이들 앞다투어 가는 나라이며 그래서 많은 풍경과 사진,
그 나라의 모습들을 여러 방면으로 접해온 가장 대중적인 여행지.

내가 그 이상의 감흥과 만족을 느낄 수 있을까? 하는 의문도 있었지만
그럼에도 왜들 그렇게 이탈리아 이탈리아 노래를 부르는지 확인해보고 싶었다.

결론은 이탈리아에 꼭 가야 하는 별 이유 따위 없이
이탈리아로 향했다.

어떤 여행도 돈과 시간은 필요한 법.

경기가 안 좋다 안 좋다 하지만
여행가는 사람들이 속출했다.

나에게는 최근 정리된 직장 덕분에
본의 아니게 시간과 돈이 마련됐다.
그런데 진짜 난관은 지금부터다.

없다.. 함께 갈 사람이..

적극적인 구애를 개시했다.
친구들, 만나는 모든 지인들,
SNS까지도 동행인 구애를 했다.

정말 실감했다. 바쁘다 바빠 현대사회를 말이다.
휴가철도 아닌 시기에 생계가 걸린 일상의 루틴을 깨는 결단,
결코 짧지 않은 시간과 적지 않은 경비를 선뜻 결정할 어른들은
불행히 내 주변엔 얼마 없었다.
결국 이 여행을 함께 한 동반자는!
나와 비슷한 시기에 퇴사를 한 동갑내기 적 직장 동료다.
나에겐 "과장님", 나는 "대리님"이라는 호칭이 익숙한,
일을 하면서 친하기도, 껄끄럽기도 했던 내 앞자리에 앉았던 동료.

너와 함께 여행을 가게 될 줄이야.

항공 티켓팅
일정 짜기
숙소 예약
.
.

어디서부터 어디까지 짜야 할까 꽤나 막막했다.
코로나 이후 얼마만의 해외 여행인데, 이렇게 신이 안 날 수가 있나?
그래서 미룰 수 있을 때까지 미뤘다.
참고로 내 MBTI는 누가 봐도 P다... P$^+$...

밤낮으로 모든 에너지를 쏟아 일하던 회사를 퇴직하고는
하루하루 바쁘게 놀고 먹느라 잔고는 줄어들고 있었지만, 시간은 남아돌았다.
SNS, 블로그, 유튜브 몇 개만 찾아보면 무인도도 갈 수 있는 이 좋은 세상에서
도대체 뭐가 어렵겠는가?

어려웠다..
30년 넘게 나고 자란 대한민국의 지리도 아직 완벽하게 알지 못하는데
우리나라보다 세 배 넓은 땅덩어리의 나라의 동선을 짜야 한다니..
난코스.

패키지는 죽어도 가기 싫고, 일정 짜는 건 너무 귀찮고 버겁다.
누군가에게 비용을 지불하면 내 성향과 니즈를 쏙쏙 파악해서
나에게 맞는 알차고도 여유로운(?) 일정을 짜주면 좋겠다!
딱 그 심정이었다.

우여곡절 끝에 엑셀 창을 띄워

마치 파워J인 사람처럼 블로그와 유튜브를 타파하며 열심히 짜보았다.
기존에 이탈리아에 다녀온 친구들에게도 보여주고 나름 컨펌도 받았다.
A친구, B친구, C친구 모두 반응은 제각각.

무엇보다 동행자와의 소통이 가장 중요했다.
서로 가고 싶은 곳, 하고 싶은 것, 먹고 싶은 것, 쓸 수 있는 경비..
하나하나 다 다를 수밖에 없었다.

우리는 몇 번의 시뮬레이션을 통해 처음 일정을 뒤엎고 동선을 전면 수정했다.

1. 두우모 성당은 꼭 보고싶다 : 피렌체 확정
2. 바다에서의 휴양은 꼭 하고 싶다 : 시칠리아 승! VS 남부투어 패!
3. 이탈리아의 바티칸 건축, 문화는 충분히 알고 싶다 : 로마행 확정
4. 스위스 맛보기 경치를 볼 수 있다 : 돌로미티 투어 & 베니스 확정

로마공항 IN -〉 베니스 -〉 피렌체 -〉 시칠리아 -〉 로마 OUT
2주간 우리의 코스는 이렇게 정했다!

Ciao

차오 (안녕)

Gràzie

그라찌에 (감사합니다)

Venezia

물의 도시

이번 여행 중 첫 번째 관문 1. 비행기 갈아타기다.
베니스를 가기 위해 로마행 비행기를 타고 로마에서 다시 베니스행 비행기를
타야했다.
(로마 레오나르도다빈치국제공항 -〉베니스 마르코폴로공항)
우리나라로 말할 것 같으면, 인천공항 IN 하자마자 제주행 비행기를 타는 셈.

크로아티아에 갔을 때, 스위스 취리히 공항을 경유한 적이 있는데
공항이 어마무시하게 넓기도 했고 갑자기 비행 시간이 연착돼서 애를 먹었던
적이 있다. 그때 트라우마가 생겼는지 나는 사실 경유에 대한 두려움이 크다.
해외 대부분의 공항 시스템이 우리나라처럼 스피드한 서비스가 잘 이루어지
지 않는다. 카카오톡 모바일티켓만 있다면 실시간 상황을 들여다볼 수 있는
엄청난 서비스 말이다. 반면 해외에 나오면 안내방송에 의존해야 할 때도 있
고, 수시로 긴장하며 체크해야 할 게 많다. 단어 하나 잘 못 들으면… 끔찍한
미아가 되어버리는 거다.

당연한 이야기일 수도 있는데, 경유를 해야 한다면 다음 비행기를 타기 전 적
어도 3시간의 텀을 두길 바란다. 실제 우리 비행기도 1시간 30분이 지체되었
기 때문이다. 여행은 무조건 시간이 금이라는 논리로 빠듯하게 직전 비행기를
예약하려다 마음을 돌린 것을 천만다행으로 생각했다.

어쨌든, 비행기를 타고 거의 14시간이 지나서야 로마에 착륙했다.
그리고 베니스행 비행기를 타기까지 3시간 넘게 로마 공항에서 보내야 한다.

로마 레오나르도다빈치국제공항은
내가 가봤던 공항 화장실 중 가장 쾌적하고 사용감 좋았고,
바티칸 작품부터 양질의 볼거리, 쇼핑거리가 아주 다채로운 공항이었다.

이 공항을 한 번 더 와보기 위해서라도 다음 이탈리아 여행의 IN 또한 로마공항으로 오리라 마음먹을 정도였다.

일단 면세점 구경은 국룰 아니겠나? 올리브가 가장 유명한 국가이니만큼, 품질 좋고 저렴한 올리브오일은 이탈리아 필수 쇼핑 리스트 중 하나다. 거의 유리병 포장이므로 무게가 상당하지만 얼마 전 백화점에서 봤던 30만 원짜리 오일과 비교해보니 안 사면 계란후라이를 해먹을 때마다 후회하지 않을까 싶을 정도였다.

가격도 가격이지만, 어쩜 이렇게 패키지도 예쁜지..
예쁜 것 투성이인 것들에 마음이 홀려 면세 구경에 텐션이 다시 올라갔다.

그리고 이탈리아에서 먹은 첫 번째 젤라또!
기본 두 스쿱에 3.9유로라는 다소 사악한 가격이었지만, 아이스크림은 기분으로
먹는 거라고 배웠다.. 그런 의미에서 2만점짜리 젤라또였다 ♡

면세 구경 한 바퀴를 마치고 천국 같은 곳을 발견했다. 그곳은 바로 Work Area!
편한 사무용 테이블과 의자에서 충전도 마음껏 할 수 있고 커피나 음료 자판기
도 구비되어 있는 곳이었다. 하지만 그 자판기에서 커피 한 잔 먹기가 난코스였
다. 자판기 작동이 쉽지 않아 어떤 외국인 남자와 서로 "I'll try" "I'll try" 하며 씨
름했던 게 생각난다.. (참고로 내가 이용한 이탈리아 모든 자판기 작동은 한 번
에 되는 법이 없었다..)

짧지 않은 여정에서 찾아야 할 것들, 예약해야 할 것들 투성이었기에 이런 자투
리 시간을 십분 활용할 수 있는 이 공간이 매우 소중하게 느껴졌다.
(경유를 한다면 가장 먼저 Work Area를 찾으세요!)

사실 여행 동선은 대부분 동행자가 원하는 곳들에 맞추는 대신,
일정 짜기는 동행자가 도맡기로 했다. 당시 카페 오픈 준비로 바쁘기도 했던
나였기에..

그런데 웬 걸.. 동행자는 나보다 더 무계획으로 온 것이다.

이 부분이 출발 전부터 굉장한 스트레스였는데,
이미 이 낯선 땅에 덩그러니 동행자가 된 이상 같이 극복해야 했다.
(결론은 티켓팅말고는 거의 한 것 없이 왔다는 것이다...)

두 번째 비행기를 타고 늦은 밤 도착한 베니스.

로마까지 14시간, 베니스까지 1시간 총 15시간을 비행기에 있었으니 그야말로 첫 날은 그냥 비행기만 타다 하루가 가버린 셈이었다. 긴장이 풀려 얼른 숙소에 가서 잠자고 싶다는 마음뿐이었는데, 생각지도 못한 난관에 봉착했다. 숙소 가는 버스 티케팅이 안 되는 거다.. (이 이후로도 어디서든 이 나라 기계는 쭉 다루기 어려웠다는 사실..)

늦은 시간에 버스도 곧 끊길 것 같고, 발을 동동거리며 징징대고 있을 때!

우리와 함께 로마행 비행기를 타고 다시 베니스로 들어왔던 한국인 커플이 티케팅을 도와주셨다.. 이탈리아에 오자마자 한국인들의 도움을 받았다. 역시 코리아!!!

베니스 숙소는 일단 크게 두 분류이다.

베니스 본섬에 있냐 아니냐!

여행객이라면 거의 본섬 주변의 일정이 많을테니 본섬 내의 숙소 잡기를 적극 권장한다. 하지만 우리의 첫날밤은 자정이 넘어 도착에 절대적으로 정말 '잠만' 자야 했기에 공항 근처 숙소를 잡았다. 나머지 베니스에서의 2박은 본섬에서 할 예정!

아주아주 한적한 베니스의 밤, 아니 새벽 거리에는 우리가 끄는 캐리어에서 나는 소리 말고는 아무것도 들리지 않았다. 그렇게 서로의 몸집보다 큰 캐리어를 허술하게 끌며 숙소에 도착했다.

사람 한 명 없던 (아니지.. 골목골목에 술취한 사람, 노숙자들은 있었음 주의)
적막한 거리와 달리, 숙소 안은 나름 시끌벅적했다. 유쾌한 스텝과 체크인을 마치고 드디어 우리의 첫 번째 룸 입성! 다행히 아주 만족스러운 트윈룸이었다.
깔끔했고, 온수와 수압 컨디션도 최상! 하룻밤만 자긴 좀 아쉽네 싶을 정도였다.

√ 안다 베니스 호스텔 (Anda Venice Hostel)
　클래식 트윈룸, 1박 가격 : 157,000원 (vat 포함)

장시간동안 두 번의 비행과 높은 피로도로 예민해진 우리였지만,
짐을 푸는 순간부터 도시락이라도 풀어놓듯 기분이 좋아져서는
서로의 클렌징을 챙겨주며 방실방실 입이 트였다.

얼굴에 팩을 붙이고 침대에 누워 지난 24시간을 돌이켜보았다.
별 다른 이슈 없이, 잃어버린 것 없이, 다친 곳 없이 안전하게 잘 도착했으니
된 거다. 눕자마자 잠이 든 옆 침대의 동행자를 보니 안도의 한숨이 절로 나왔
다. 그렇게 충분히 감사한 첫날 밤이었다.

아참! 아빠가 잘 도착했는지 걱정 어린 카톡을 보내준 게 너무 행복했다.
그래서 더 조심하고 건강하게, 또 큰 낭비없는 여행을 해야겠다 마음먹었다.

내일은 더더더 행복해하자 수지야. 고생했어. 굿나잇!

1day Best Food	레오나르도다비치공항 젤라또
1day Best Place	레오나르도다비치공항 Work Area
1day Thanks Point	한국인 커플이 도와준 버스 티케팅

고통스러운 아침을 맞이했다. 기침 때문이었다.
사실 여행 오기 이틀 전부터 감기에 시달리고 있었다. 하지만 이미 더위가 시작
된 날씨에 뭐 괜찮아지겠지 하고 멋대로 판단한 게 화근이었다. 결국 이 기침은
여행 내내 나를 망가뜨렸다...

어제 등 밑에 깔고 잔 핫팩이 아직까지 따뜻해서 더 누워있고 싶었지만,
빨리빨리 체크아웃을 하고 감기약을 사 먹는 게 우선이라는 판단이 섰다.
날이 밝아서 마주한 호텔 전경은 밤보다 훨씬 밝고 따뜻했고, 스트릿도 예뻤다.
나름 첫 번째 아침 산책 아닌가!

일어나서 검색해둔 감기약을 샀다. 알고 보니 이탈리아는 약도 유명하다고?!
물에 타 마시는 파우더형 약을 샀는데, 몸살 감기에 효과적이라고 한다.
향과 맛이 깔끔했고, 무엇보다 패키지가 예뻐서.. 맛있는 티를 타 마시는 기분이
었다. 여행 내내 꼬박꼬박 잘 챙겨먹었던 이 약은 한국에 돌아오는 공항 약국에
서 몇 케이스를 더 사오기까지 했다.

옷은 이민 갈 것처럼 잔뜩 싸와놓고,
감기 걸린 주제에 감기약은 두고 왔다니.. 내가 나를 증명하는 순간이었다.

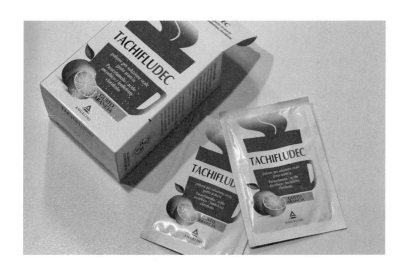

우리 숙소가 있는 공항 근처 마스트레 지역에서 베니스 본섬으로 가는 방법은 기차 or 버스 두 가지 이동 수단이 있다. 우리는 더 빠르고 경관이 좋을 것 같은 기차를 타고 가기로 했고, 기차에 타자마자 너무 탁월한 선택이었음을 깨달았다.

1시간30분 정도가 지나 드디어 베니스 본섬(산타루치아역)에 도착했다.
오는 내내 설레는 마음으로 도착한 산타루치아역!

역에서 내리면 바로 강 건너 산 시메오네 피콜로 성당이 보인다. 그 첫 광경이
눈에 들어오자마자 눈물이 터졌다. 사진에서 그렇게 많이 보고 왔는데, 이건 뭐
그 열 배 스무 배의 감동이었다. 정말 영화속에 들어온 것 같은 느낌이랄까.. 어
떻게 표현할 길이 없다. 지금 떠올려도 눈물이 고일 만큼 처음 느껴본 감정이었
음에는 분명하다.

이제야 비로소 떠나온 실감이 났다.
내가 그토록 힘들어하고 아파했던 세상으로부터
전혀 다른 세상에 와닿았음을 직시하자
물밀 듯한 안도감이 밀려왔다.

이 곳에 있는 잠시동안은
모질던 내 세상은 잊고 살아질 것 같았다.

물의 도시 베니스.

바다 위의 도시 베니스에는 무려 120개의 섬이 있다고 한다. 도로 자체가 존재하지 않으니 바퀴달린 교통수단은 없을 수밖에 없다. 온갖 경적과 소음을 내뿜고 다니는 자동차, 오토바이가 없다는 것만으로 특별한 도시. 이 길들의 낯선 고요함은 무척이나 평온했다.

사실 '베니스'는 영어고 이탈리아 본 발음으로는 '베네치아'가 맞다.

여행 중에도 나는 베니스라고 했다, 베네치아라고 했다를 번갈아 명칭하곤 했는데, 내가 느낀 이 도시는 '베니스'의 어감이 훨씬 잘 어울리는 것 같다.

여유롭고 평화로운 분위기, 부드럽고 유연한 사람들이 넘치는 도시였다.

본격적인 이 베니스 여행이 시작하기도 전에 이미 바퀴 하나가 아작나버린 캐리어를 끌고 5분가량 걸어 호텔이 도착했다.

우리가 본섬에서 2박 묵을 호텔은 위치를 가장 중요시해서 예약했다.

기차역과 도보 5분 거리에 있었고, 운하 바로 옆에 위치해 있다.

덕분에 2층 룸에서 바라본 리버뷰가 꽤 마음에 들었다.

이탈리아는 명실상부 관광 국가이기 때문에 호텔은 차고 넘치지만 대부분이 지어진 지 최소 백 년 이상 지난 노후된 건물들이다. 그렇게 오랜 시간이 흘러도 견고하고 아름답기까지 한 건물을 보면 경이롭지만, 내부 컨디션은 기대를 안하는 게 좋다. 방음, 수압이 취약할 뿐만 아니라 빛바랜 벽지 등에서의 오랜 사용감의 흔적들은 디폴트 값이다. 물론 클래식하고 빈티지한 매력이 크지만, 가격에 비해 만족스러운 호텔은 찾기 힘들다. 이런 점을 감안한다면 우리가 묵은 이 본섬 호텔은 자신있게 추천할 수 있다. 창문을 열고 보이는 운하도 좋았고, 발코니에서 조식을 먹을 수 있는 것도 플러스 요소.

√ CHC Continental BW Premier Collection
　수페리어 룸 (1퀸베드) 2박 가격 : 484.00 유로 (vat 포함)

호텔에 애증의 캐리어를 던져버리듯 맡기자마자
몸은 깃털처럼 가벼워졌다. 자유다!!
우리는 어제 저녁부터 젤라또 말고는 먹은 것 없이 쫄쫄 굶은 신세였다.
드디어 허기를 채우고, 커피도 마시고, 리알토 다리도 가고, 부라노섬에 갈 계획
에 마구마구 신이 났다. 바닥난 체력도 솟구쳤다. 이제 진짜 여행이다!!

내가 이 여행에서
무얼 보고자 했는지
무얼 느끼려 했는지
무얼 담으려 했는지
무얼 버리려 했는지
무얼 쓰려고 했는지

어쩌면 이 곳에 도착한 순간부터 잊었는지도 모르겠다

이 물 위의 도시 풍경을 잠시라도 더 보고 싶었기에 테라스가 넓은 레스토랑에 앉아 먹을 걸 잔뜩 시켰고, 와인과 스프리츠도 한 잔씩 곁들였다. 인상 좋은 직원분이 너무 친절하셔서 베니스는 아름다운 곳이라는 확신이 더 확실하게 들었다.

맛집을 특별히 검색하지 않고 왔는데도, 음식들이 전반적으로 맛있었다. 하지만 이탈리아에서 와인 대신 즐겨 먹는다는 스프리츠는 내 기대보다는 미달이었다. 그저 탄산음료 느낌에 가까웠다. 와인을 좋아하는 동행자는 와인 맛이 좋다고 만족해했다. 이제야 밝게 웃으며 와인을 마시던 동행자의 모습이 참 예뻐서 사진을 찍었다. 그렇게 이 나라에 와서 이틀만에 처음 서로 여유롭게 찍은 사진이었다. (좋은 식당의 자리 탓인지 가격은 다소 사악했다)

Tav. 4

23/05/2023

1	x SPAGHI PESCATORA	
1	x SPAGHI CAMICIA NERA	25,00
1	x SPRITZ	16,00
1	x CHARDONNAY 375ML	7,00
2	x 2,50	15,00
	COPERTO	
		5,00

Totale 68,00

Grazia arrivederci

우리가 있는 본섬도 섬이지만, 꼭 가고싶었던 섬이 있다.

바로 우리가 흔히 알고 있는 알록달록 예쁜 동화마을 '부라노섬'이다.

문제는 그 동화마을로 가는 뱃길이 생각보다 멀었다. 동행자는 부라노섬을 가기 전 이름도 비슷한 '무라노섬'도 가보자는 제안했다. 계획에 없던 갑작스런 동선에 '굳이?' 라는 내 물음이 뒤따랐지만, 가는 길에 거쳐 가는 섬이라고 하는 논리가 나름 설득력 있었다.

베니스 여행에서 가장 큰 매력을 말하라고 하면 무조건 배를 타고 스쳐가던 장면들이라고 대답할 것이다. 섬과 섬들이 연결되어 있는 이 뱃길을 달리면 크고 작은 섬들마다의 고유의 분위기들이 느껴진다. 그 섬들에 즐비해있는 다양한 색깔의 건물들을 눈으로 트레킹하고 있으면 정말 시간 가는 줄 모른다.

무라노 섬 is 유리의 섬

베니스 공화국이 1291년 모든 유리 공예사들을 바로 이 무라노 섬에 강제 이주를
결정했다고 한다. 유리 장인들과 판매자들, 그 가족들까지 섬에 살게 했고
섬 밖으로 이탈하는 자에게는 처벌도 일삼았다고. 그렇게 이 작은 섬에서 강제
적으로 유리 공예가 발전됐고 '무라노 유리'라는 유리 공예 지역 브랜드가 탄생
한 것. 우리 나라에도 곳곳에 아픈 역사가 만들어낸 아름답고 위대한 것들이 있
듯이 반짝반짝 평화롭게만 느껴지는 이 섬도 그런 애환을 갖고 있었다.

예쁜 유리잔들을 보니 주고 싶은 사람들도 생각나 쇼핑도 하고
걷는 재미에도 푹 빠져버린 섬이었다.

애초에 이 섬 자체에 무지한 상태였고 유리에도 별 관심 없던 나는
그저 경유지정도로만 생각했는데... 반전은 이 섬에 거의 3시간을 머물렀다는
것이다.

그리고.. 우리는 길을 잃었다..

베니스는 당연히 모든 교통이 수상 교통이다. 섬에서 섬으로 수상 버스를 타고 환승을 하며 이동해야 한다. 그런데 이게 처음인 어리버리 관광객인 우리에겐 너무 생소하고 헷갈리는 거다. 그리고 육지보다 날씨, 환경 영향을 많이 받을 수밖에 없으므로 시시때때 배 시간과 노선도 잘 확인해줘야 한다. 블로그들에 의존해서 쉽게 생각했지만, 우리가 직면한 변수에 대처하는 건 너무 어려웠다.

작은 줄 알았던 섬을 돌고 돌아, 이 사람 저 사람을 붙잡고 물어 물어 어렵게 타야 할 배를 찾았다. 이럴 때는 정말 패키지 여행이 얼마나 편하고 좋았던가 절로 떠오른다. 물론 패키지여행이었다면 이 무라노섬에 들어올 일은 없었겠지만 말이다.

그런데 이 작은 섬에서 길을 잃고 헤매던 그 아찔한 순간들이
아주 또렷하게 기억에 남는다. 그리고 이상하게 나쁘지만은 않다.
계획에 없던 낯선 섬에 들어와 무언가에 홀린 듯이 돌아보던 시간.
그러다 길을 잃고 방황하며 또 섬 구석구석을 오감으로 담아내던 그 찰나들.
뭐랄까 진정한 여행의 묘미 같은 걸 경험한 것 같은 느낌이랄까?
물론 기억은 추억으로 미화되기도 하지만...

아무튼 다시 제대로 길을 찾은 우리는 정신을 바짝 차리고
다시 배에 올라 부라노 섬으로 향했다.

3일동안 베니스에서 숱하게 배를 갈아탔지만,
모든 배의 상황은 거의 서울 지하철 2호선을 방불케 했다.
그래도 지하철은 손을 놔도 지탱할 수 있는 안정감이라도 있지..
뙤약볕 아래 중심잡기도 힘든 배 위의 상황은 훨씬 더 나쁘다.
앉아 가는 건 상상도 할 수 없이 서로 밀고 밀리며 가는 불쾌감은 정말이지
뇌세포 하나하나를 쭈뼛쭈뼛 서게 하는 것 같다.

그렇게 별 거 아닐 거라고 생각했던 부라노 섬 가기는 수많은 우여곡절 끝에 이
루어졌다. 하지만 지하철 2호선 배에서 내리자마자 눈앞에 펼쳐지는 건 전혀 다
른 세상이다.

모든 것이 순조롭고 평화로워 보이는 공원 하나를 지나면
우리가 익히 알고 있는 알록달록 페인팅 집들이 줄이어 보인다.

밝은 빛깔로 집의 외벽을 칠하는 부라노 사람들의 풍습은 이 지역 고기잡이 배들이 알록달록한 색채 배합으로 배를 칠하던 것에서 유래했다고 한다. 집 주인이 자기 집에 색을 칠하려 할 때 정부에 신고를 하면 기관에서는 그 집에 속한 부지에 허락된 몇 가지 색을 알려주고, 그 중 마음에 드는 색을 골라 집을 칠하는 시스템이라고. 섬의 특색과 문화가 돋보이고 관광에도 이렇게 지대한 영향을 미치니 마을에 여러모로 좋은 시스템이 아닐 수 없다.

전통적으로 어업을 해왔고, 16세기부터 시작된 수작업 레이스 공예가 이 곳의 유명한 특산물이다. 부라노 여성들이 만든 레이스는 유럽 전역으로 수출되며 큰 인기를 누렸지만, 18세기에 이르러서는 점차 그 규모가 줄어들었고 1872년 레이스 학교를 세우는 등 노력을 기울여 다시 그 명성을 되찾았다고.

섬 곳곳에 있는 레이스 가게의 쇼윈도우 안에는 레이스로 만든 테이블 덮개나 깔개, 웨딩드레스 등이 진열되어 있어 관광객들의 시선을 붙잡는다. 선물 고르기 좋은 아이템!

색이 감정에 미치는 영향이란 게 참 신기하다.
하늘은 왜 그렇게 파랗고 예쁘던지,
푸릇푸릇한 나무숲들과 어울어진 파스텔톤의 집들이
기분 좋은 생기를 느끼게 해주었다.
빨가면 빨개서, 그 옆에 노란 집은 노래서 다 예쁜 거다.

아마 이 순간 내가 느낀 환희는
이 동화같은 마을이 진짜 동화가 아니라서였던 게 아닐까.
동화 속 주인공이 아닌
실제 주민들이 살고 있는 모습 그 자체로의 감동인 거다.
빨래를 말려두고, 창가에 꽃화분을 기르고,
이웃들과 인사하고 담소를 나누는 그저 평범한 일상의 모습들.

나와 같이 이 섬에 아주 잠깐 머무르고 있는
다른 이방인들의 눈동자도 반짝거리는 것 같았다.
초롱초롱 빛나는 저 눈빛이 동심같은 것일 거라고 나는 생각했다.

부라노 섬 주민들은 알고 있을까?
당신들의 평범한 일상의 찰나가
세상 시름 다 잊고자 13시간 하늘을 날아온 이방인들에겐
더없이 좋은 기운을 얻게 해준다는 걸.

예쁜 사진들을 충분히 남기고, 비교적 일찍 다시 본섬으로 돌아왔다.
해가 지기 전 돌아와야 한다는 느낌적인 느낌으로 서둘렀다.

착용감이 불편한 샌들을 신고 섬 곳곳을 돌아다녔던 터라
내 발은 여기저기 상처투성이였다. 해가 져갈수록 기침도 다시 잦아졌다..
한 순간에 컨디션이 엉망이 된 채 데일밴드 한 통을 사와 터덜터덜 호텔로 돌아왔다.

내일을 위해 좀 쉬자!
동행자는 내 발을 보고 안쓰러워하며 족욕을 준비해주었다.
잠깐 발을 담근 그 순간, 깔깔거리며 행복해하던 우리 모습이
웃기기도 하면서 못내 측은하기도 했다.

잠깐이라도 쉬고 나니 또 스멀스멀 기어나가고 싶어진 나란 사람..
동행자에게 저녁거리를 사서 야경을 보며 먹자고 제안했다.

역시 여행은 여행이다.
나오자마자 또 이렇게 행복해지는 건 뭐람?
밤 8시30분이 지난 시간이었지만 여전히 해가 지기 전이었고 걷기에 그지없이 좋은
밤공기였다. 지금 이 시간 이 거리를 걷는 장면 하나하나가 다 외화를 보는 듯 했다.

덕지덕지 밴드를 붙이고 쪼리를 신은 발도 편안했고, 머리를 질끈 묶은 채 툭 걸친
가디건이 마치 베니스에 스며든 것 같은 기분을 들게 했다.

간단하게 뭘 먹어볼까 하다 유명한 오징어튀김집을 찾아갔다.
(걸어서 10분 안에 갈 수 있는 곳들은 다 사랑이다 ♡)

한국어 간판에 한국어 메뉴판이라니... 너무 반갑잖아!!!

호기롭게 한국말로 주문했더니 전혀 못 알아듣는 직원의 당연한 반응도 재밌었다.
그렇게 오징어튀김과 피자, 이탈리아 병맥주를 사들고 야경 스팟을 찾았다.
튀김이 맛있어서 오물오물 정신없이 먹어댔고,
해가 지는 타임랩스도 찍고, 각자의 인생 사진도 남겼다.

부재중 전화가 찍혀있던 네가 보고싶은 것 말고는,
모든 게 엉킴이 없이 순조롭고 평화로운 순간이었다.

- 베니스 야경을 보며 -

떠나오기 전, 너와 맥주를 마셨지.
무슨 감정인지 모르겠지만 난 또 눈물이 났고
넌 썩 다정하지도 무심하지도 않게 휴지를 챙겨줬어.

사실 널 만나면 아주 덤덤하고 편안하게 내뱉고 싶은 속내들이 있었는데
터져버린 눈물 때문에 끝내 못하고 돌아와버렸지.
그때 못했던 말들을 혹시 지금 해도 될까?

친구가 없어진 기분이라 슬펐어.
살면서 자꾸 적은 늘어나는데,
온전한 내 편을 스스로 놓쳐버린 것 같았지.

근데 나보다 눈물이 많던 너의 눈은 너무나 또렷했고,
오랜만에 친구 만난 듯 아무렇지 않게 나를 대하는 거야.
내가 없는 일상을 무탈하게 잘 지내는 것 같아서 솔직히 좀 밉더라.

가끔 술친구를 하자는 내 말에
넌 좋다고 응했고,
무슨 일이 있으면 연락하라고도 말해줬지.

무슨 일이 있어야만 연락을 할 수 있게 된 거겠지?
아마 네가 그 말을 해주지 않았어도,
그런 일이 생긴다면 난 분명 너에게 연락할 것 같아.

널 생각하면 복잡하고도 단순해.
그 마음으로 오래도록 차디찬 강바닥에서 기침에 시달리며 야경을 봤고,
맥주 반 병을 비웠을 때쯤 참지 못하고 너에게 야경 사진을 보냈지.

지금 내 옆에 네가 없다는 게 얼마나 외로웠는지 몰라.
동시에 돌아가면 이제 정말 너를 볼 일이 없음을 직감해서 너무 슬펐어.
하지만 나는 잘 있단다.

그렇게 한참이나 우리는 차디 찬 강바닥에 앉아있었다.
다른 이들의 눈은 의식하지 않는 자유로운 관광객들을 구경했고,
어느 순간 들려오는 악기 연주 소리를 귀담았고,
베니스에 머무르는 꿈만 같은 이 밤이 소중했고,
내일도 모레도 이 곳에 있을 수 있음에 감사했다.
길 잃고 허둥지둥하던 시간 속에 커피 한 잔 못 마신 건 조금 서러웠지만..
(베니스는 최소 2박 꼭 추천한다!)

1day Best Food	오징어튀김
1day Best Place	본섬 야경 다리
1day Thanks Point	함께 한 족욕

콜록콜록.

새벽내 내 기침은 멎을 줄 몰랐다.

포트에 물을 끓여 열심히 마시고 잤는데도 좀처럼 나아지지 않은 컨디션..

우리는 오늘 아침 7시 출발해 '돌로미티 투어'를 하는 날이었기에,

눈을 떠서 멍하니 기침을 해대다 내심 깊은 고민에 빠졌다.

'남은 일정을 위해 오늘 투어를 포기하고 숙소에서 푹 자버릴까?'

하지만 돌로미티는 내가 이번 여행에서 아주 고대하고 고대했던,

베니스를 여행지로 택했던 큰 이유이기도 했다.

25만원의 투어비용보다도 그런 내 로망을 포기한다는 게 내키지 않았고,

결국 무겁고 무거운 몸을 일으켜 돌로미티로 향했다.

베니스의 평일 아침은 생각보다 분주했다.
출근하는 사람들, 러닝하는 사람들, 우리처럼 여행 일정을 서두르는 사람들이 뒤엉켜 한숨 더 자고싶다는 내 생각을 무색하게 했다.

오늘 우리가 가는 돌로미티는 이탈리아에 있는 작은 스위스라고 많이 알려져 있다. 정확히 말하면 돌로미티 산맥이다. 2009년 유네스코 문화유산으로 등재된 만큼 세계 자연 유산의 이탈리아 북푸 알푸스 지역이다. 3천 미터 이상 높이의 봉우리 18개가 있고, 면적은 약 14만ha정도라고 한다.

베니스는 이탈리아의 북부지역이기 때문에 돌로미티 산맥과 가장 근접해있다. 때문에 베니스에서 시작하는 돌로미티 투어가 인기인데, 당일 투어 / 2박 투어 / 3박 투어 등 일정별로 다양하다. 나는 여행 전, 꼼꼼하게 투어 일정을 보면서 당일 투어를 결정했다. 생각보다 높고 넓은 산맥이었지만, 내가 기대한 건 스위스 '맛보기' 정도. (왜냐면 난 언젠가 스위스에 꼭 갈 것이기 때문에!)

무엇보다 하루 정도는 구글맵을 들여다보지 않고도,
번역기를 돌리지 않고도 쉬엄쉬엄 마음 놓고 여행할 구실점이 필요했다.
며칠동안 길 찾고 이동하면서 지쳐있던 우리에게 단비같은 투어인 셈이다.

당일 투어의 가격은 거의 25만 원 정도다 (2023년 5월 기준)
투어에 따라 식비, 간식비, 입장료 등이 포함/미포함이다.
아침 7시 출발해 오후 5가 넘어서 본섬으로 다시 돌아오는 일정이었고,
높은 산맥인 만큼 기온도 많이 낮아질 거라 생각해 핫팩과 외투도 챙겼다.

한인 가이드님, 그리고 투어를 함께 할 한국 관광객들과의 하루가 설레었다. 아침에 늦을까봐 부랴부랴 나갔지만, 가이드님이 제일 늦게 지각하신 상황.. 이번 여행을 통해 또 한 번 분명히 알게 된 사실인데, 나는 약속 시간에 늦는 것에 남들보다 훨씬 예민한 것 같다. 예를 들어, 계산할 때마다 늑장부리는 사람 VS 약속 시간에 몇 분씩 늦는 사람 두 유형으로 나누어 생각해봐도 후자 쪽이 훨씬 못마땅하다. 물론 늦을 수밖에 없는 이유가 생길 상황도 있겠지만, 고질적인 버릇처럼 지각하는 사람들에게는 내 시간을 배려받지 못한다는 생각이 든다.

시간이 매우 한정적이고 이동이 잦은 여행에서는 그 예민함이 더 커진다. 초행길인 우리보다 매일같이 같은 동선을 오가는 가이드님이 늦은 이 상황에 나는 사실 출발 전부터 뾰로퉁해 있었다. 하지만 우리를 보자마자 유럽에선 귀한 생수를 공짜로 나눠주시는 걸 보고 내 예민함은 3초만에 무장해제 됐다. 좋은 게 좋은 거지! 가보자고!!!

돌로미티 산맥은 베니스에서 차로 2~3시간 정도 달리면 도착한다. 차에 타자마자 에버랜드 버스 투어처럼 가이드님의 돌로미티 스피커가 시작됐다. 이탈리아와 돌로미티 문화와 역사부터 스팟 별 설화나 에피소드들을 풀어주셨던 것 같다. 가장 기억에 남는 이야기는 돌로미티 산맥을 넘다 굶어 죽었다는 모자의 설화였다. 그 이야기를 듣다 난 잠이 들었던 것 같다.. 성인 아홉명이 옹기종기 붙어 가던 봉고차 안에서 계속 기침을 뿜어내느니, 차라리 잠이 드는 게 모두를 위한 일이라 생각하면서 말이다.

1시간쯤 흘렀을까.. 크게 터져 나오는 기침 한 방에 눈이 번쩍 떠졌고, 내 눈앞은 그 야말로 장관이었다. 서둘러 핸드폰을 들고 찍어보았지만 이 압도적인 뷰를 담아내는 데는 역부족이었다. 감동과 기침이 버무려져 웃지도 울지도 못하는 순간이었다. 자욱하게 내려앉은 안개 때문에 선명하게 보이지는 않았지만, 보일 듯 말 듯 한 풍경이 오히려 운치와 신비로움을 더해주는 돌로미티의 첫 인상이었다.

한참을 더 달리다 처음 차가 정차한 곳은 카페였다.
아침 일찍부터 꼬불꼬불 험한 산길을 달려온 터라 보대꼈는지
차 문이 열리자마자 휴게소에 온 듯 폴짝 뛰어내렸다.
잠시 쉬어가는 곳으로는 역시 국적불문 카페만한 곳이 없다.

오르기도 힘들 것 같은 이 산맥 중턱에 이런 낭만적인 카페라니!
동화 '오즈의 마법사'에 나올법한 느낌이 물씬 나는 외관도 멋스러웠지만, 작고 소중
한 디저트들이 가득한 카페 내부는 더 동화 같았다.

이탈리아에서는 잘 알려져있다시피 에스프레소나 카푸치노에
크루아상을 함께 먹는 아침 식사가 전통적이다. ('콜라지오네'라고 한다)
그러고보니 이탈리아에 온지 사흘만에 돌로미티에 와서 아침다운 아침을 처음 먹
게 된 셈.

가이드님이 데려와주신 이 카페는 지금 생각해도 200% 마음에 들었던 곳이다.
커피도 커피고, 빵도 빵이지만 이 곳에서 먹은 살구잼이 눈을 확 뜨이게 할 정도로
맛있었다.

돌로미티산맥의 가장 큰 매력은 몇 시간동안 이 곳에 머물면서 사계절을 다 느낄 수 있다는 것이었다. 우리가 갔던 5월 중순은 돌로미티에서는 봄의 계절이었지만 며칠 전에 눈이 내렸던 터라 드문드문 설경도 만끽할 수 있었다. 비가 오다, 해가 내리쬐 다, 추웠다, 더웠다 참으로 신기했다. 하늘과 구름만 잠깐 보고도 언제쯤 어느 정도 의 비가 올지 예측하고 바로바로 스팟을 이동하시는 가이드님에게서 굉장한 프로패 셔널함을 느꼈다. 엄지척!!

투어는 투어였다! 여유를 느낄 세가 어딨어~ 라고 하듯 장소를 이동할 때마다 정해 진 시간 내 포토 스팟에서 돌아가며 사진을 찍는데 바빴고, 서로간의 대화나 정보 공 유는 주로 차에서 이동시간에 이루어지는 형식이었다. 우리는 가이드를 참 잘 만났 다고 느껴졌는데, 가이드님만 아는 프라이빗한 보물같은 장소들을 많이도 데려가주 셨기 때문이다. 뭐든 더 보여주고 알려주려 하시는 열의와 진심이 격하게 느껴졌다. 왜냐면 아주 강행군이었기 때문이다..

점심은 경관이 끝내주는 어느 호숫가의 식당에서 먹었다. 이곳은 뭘 먹지 않아도 꼭 왔어야 하는 명소라고 느껴질 정도였다. 산맥을 이동하는 산악인들이나 여행자들에 게 쉼터 역할을 해주는 것 같기도 했고, 이곳에 사는 주민들에게는 말벗을 찾아오거 나 사색을 즐기러 오는 힐링 스팟인 듯 보였다.

우리는 두 테이블로 나눠 앉아 설레는 마음으로 점심 메뉴를 주문했다. 나는 소고기 스테이크를 시켰는데, 이번 여행에서 유일하게 남김없이 다 먹은 음식이었다.

고기보다 더 맛있게 먹었던 건 바로 감자튀김이다. 가이드님이 극찬하면서 자비로 사주신 이 곳 감자튀김은 지금 생각해도 최고의 맛이었다. 다음에 이 감자튀김을 다시 먹기 위해 이 식당 이름을 꼭 알아둬야지 했을 정도. 고작 감자가 이렇게 맛있어도 되나? 싶었는데 돌로미티는 고랭지 지대라 감자를 심기 좋은 곳이라고. 돌로미티에서 소문난 건 다방면으로 많았다. 유제품 협동조합들이 몰려있을 정도로 고품질의 유제품이 유명하다고 했고, 안경 렌즈 제작의 1번지도 이 돌로미티 산맥이라고. (우리가 사는 에르메스, 샤넬 선글라스 '알'을 거의 돌로미티에서 제작한다고 한다)

산맥 곳곳에는 스키장도 많았고, 웅장한 외관의 숙소들도 꽤 많이 보였다. 시간 여유가 있었다면 1~2박 정도 해도 좋았겠다 생각하고 있었는데, 1박에 두당 1만 유로가 넘는 숙소도 있다는 걸 듣고는 곧바로 생각을 접었다. 광활한 산맥을 보고 있자니 한 번쯤 이곳에 고립돼서 살고 싶다는 생각을 모두가 비슷하게 하는 듯 했다. "여기서 뭐 먹고 살지?" 로 시작된 누군가의 한 마디로 감자 농사를 짓네, 안경 알을 깎네, 한식집을 차리네 하며 아무 말이나 오가는 차 속이었다. 쿠팡 배송과 배달의 민족이 안 될 거라는 사실에 곧바로 마음을 접긴 했지만...

또 다른 곳에 정차한 탁 트인 산맥에는 우리말고는 아무도 없었다. 이런 말이 어떨지 모르겠지만 '째지는 기분'은 이럴 때 쓰는 표현인가 싶게 정말 째졌다. 모두가 약속이라도 한 듯 한 바탕 뛰고 뒹굴고 한없이 신이 났다. 다 큰 어른들이지만, 마치 아홉 마리의 스머프 같았다.

나는 이런 넓고 푸른 대지를 보면 꼭 점핑을 하고 싶어진다. 다리도 짧고 몸도 무거우면서 말이다. 그래도 한 바탕 높이 뛰고 나면 이 곳을 제대로 누렸다는 기분 같은 게 든다. 가이드님도 포즈를 아주 다양하게 잘 취한다고 칭찬을 아끼지 않으셨다!

며칠 차이로 눈을 못 본 건 정말 아쉬운 일이었다.
만약 볼 수 있었다면 빙수 먹듯 집어먹었을 나였겠지..

빗방울이 떨어지는 호숫가에서는 차분한 감성에 취했다.

미주리나 호수에는 오래되어 보이는 노란색 랜드마크 건물이 보이는데, 이탈리아 아동/청소년 천식치료센터인 Istituto Pio XII라고 한다. 아주 오래전부터 천식 환자들이 돌로미티에 많이 머물렀다 할 정도라고. 돌로미티의 환경과 공기가 얼마나 좋은 지를 증명하는 지표같은 것이다.

이 호숫가 공기는 특별한 기후 특성 덕분에 호흡기 질환 환자들에게 특히 좋다고 했다. 나도 그 소리를 듣자마자 괜히 기침도 좀 멎는 것 같았고, 이 지독한 감기가 치유돼서 내려가고 싶다는 절박함이 들기도 했다.

비가 부슬부슬 오기 시작하고 흐린 하늘이었지만, 호수 둘레길을 걷는 게 참 운치있었다.

산맥 곳곳에 흐드러지게 피어있기도, 홀로 외롭게 피어있기도 했던 야생화들이 기억에 남는다. 밟는 곳마다 예쁘게도 피어있어서 눈길이 자꾸 갔다. 제아무리 강인한 야생화라도 꽃은 꽃이다. 누가 관리를 하지 않는 이상, 절대 이렇게 잘 피어날 수 없다고 한다. 무언가를 자라게 하기 위해선 손길과 사랑은 절대적인 요소라는 걸 또 한번 새겼다.

이 돌로미티 투어를 시작으로 도시별로 다양한 투어를 했는데, 돌로미티 투어가 가장 만족도 높고 인상깊었다. 누군가 이탈리아에, 그리고 베니스에 간다면 하루 정도 돌로미티 투어를 꼭 권유하고 싶다.

오늘 하루가 너무 소중한 추억으로 남은 이유 중 하나는 그 사이 정이 들어버린 투어 일행들 덕분이다. 이탈리아에 가이드로 정착한 가이드님을 비롯해 결혼한 지 얼마 안 된 신혼부부, 씩씩하게 혼자 여행 중인 여군, 그리고 내가 '청담동 사모님들' 같다고 부른 우리 엄마 또래 친구 세 분까지. 어색했던 순간은 잠깐이었고, 모두 잘 배려하고 웃고 떠들며 합이 잘 맞는 하루를 보냈다. (사진만큼은 가이드님보다 내가 조금 더 만족스럽게 찍어드린 것 같다..)

가이드님도 말씀하시길, 매번 같은 투어를 해도 함께 가는 사람들의 성향이나 분위기가 조화로워야 흥이 나고 재밌다고 하셨다. 그 분위기에 따라 해가 지기 전에 서둘러 투어를 끝낼지, 헤어지기 아쉬워서 보여줄 수 있는 것은 다 보여줄지를 결정한다고 하셨다. 누가 봐도 우리는 후자였다. 오후 2시가 넘어서면서 잦은 이동과 시시때때 바뀌는 날씨로 체력이 방전되고 있었지만, 가이드님의 열정 덕분에 정말 많은 스팟들을 돌 수 있었다.

사실 여행 가이드라는 직업에 대해 나는 편하고 쉽게 단정지어 왔었다. 좋은 곳들만 가고, 맛있는 것들을 먹고, 정해진 레파토리 내에서 외워둔 정보들만 풀면 되지만 그에 비해 값비싼 비용을 요구하는 직업이라고 말이다. 아주 어리석고 가벼운 생각임이 짝이 없었다. 그들에게도 이 일은 생계가 달린 무거운 일터이며 전쟁터였다. 리뷰 한 줄, 별 평점 하나로 평판과 평가가 좌지우지될 수 있는 플랫폼이란 얼마나 잔인한가. 특히 길고 끔찍했던 코로나 시기에는 머나먼 타국에서 누구 못지않은 위기를 겪으셨겠지. 무엇보다 매일 새로운 사람들을 일대 다수로 이끌어야 한다는 것 자체가 대단한 능력인 건 분명하다. 나처럼 조금만 늦어도 예민해 있다거나, 이것저것을 요구한다거나 하는 별별 관광객들을 다 상대해야겠지. 오늘 우리 가이드님을 보면서 내 무지함과 얕은 편견들을 많이 반성했다. (리뷰 100줄 써드리기로 약속했는데 아직도 못 쓴 것도 깊이 반성합니다..)

기침도 잊고 정신없이 행복하기만 했던 이 광활한 산맥에서 이제 슬슬 내려가야 한다. 돌로미티의 최대 단점은 산맥을 오를 때도, 내려올 때도 쉼없이 뒤틀리는 험한 길의 멀미를 견뎌내야 하는 것이다. 감기약도 안 챙겼는데 멀미약을 챙겼을 리 만무했다. (나처럼 멀미를 조금이라도 하는 사람이라면 돌로미티에 올 때 미연에 방지하는 게 최선이다.) 결국 나는 가이드님이 아끼신다는(?) 비싼 멀미약(한 알에 2,500원)까지 축내고 돌아왔다. 가이드님께서 이것저것 챙겨주신 메이드 인 이태리 선물들까지 한아름 안고서..

이번 투어에서 번외 편이 있다면 바로 '오스트리아' 코스였다. 가이드님은 돌로미티에서 조금만 더 가면 차로 오스트리아의 국경을 넘을 수 있다고 우리를 놀래시키더니, 정말 눈 깜짝할 사이에 오스트리아에 진입한 거다. 그리고 곧장 데려간 곳은 초콜릿으로 익숙한 로아커 브랜드의 직영 카페였다.

시그니쳐 컬러가 레드인 덕분에 온통 푸릇푸릇 숲인 밖의 전경과도 잘 어울리는 매장이었다. 아기자기한 아이템들과 한국에서는 보지 못한 다양한 맛의 초콜릿들을 구경하는 재미가 쏠쏠했다. 가이드님과 약속한 자유시간 20분동안 커피도 한 잔 마셨다. 나는 오스트리아에서 오스트리아 커피도, 초콜릿도 먹어본 사람이 된 것!

잠깐 꿈을 꿨나 싶을 만큼 갑작스럽고 쌩뚱맞은 코스였다고 생각했는데, 제법 근사한 경험이기도 했다. 순식간에 이탈리아에서 오스트리아로, 오스트리아에서 다시 이탈리아로 국경을 넘나들었던 일. 만약 혼자 이 산맥을 여행했다면 절대 갈 수도, 갈 엄두도 낼 수 없었던 일 아닌가!

내가 좋아했던 돌로미티 길들

요정의 숲이라고 불리는 크로아티아의 '플리트비체'가 떠오른 호수

밀고 싶은 장난기 발동하게 한, 센치한 너

자매같다는 소리 많이 들었던, 동행자와 나

외롭고 구슬퍼 보이던 개 혹은 늑대

가이드님이 사주신, 고마운 숲 속 젤라또

기념품샵에서 사고싶어 몇 번을 들었다놨다 했던 인형

'저 푸른 초원위에 그림같은 집'을 짓고 사는 풍경

험하고 궂은 길 안전운전 해주신, 절하고 싶은 가이드님 운전석

정든 투어 일행들과 남은 여행의 안위를 바라주며 작별하고 호텔에 도착하니 저녁 7
시가 훌쩍 넘었다. 해가 져가는 시간, 호텔 앞 강변에서 한국에서 싸온 컵라면을 개
봉하기로 했다. '정말 낭만적이겠는데?' 라고 혼자 생각하면서 물을 받아 내려갔다.
라면 냄새는 외국인들에게도 맛있게 먹히나보다. 순식간에 퍼지는 신라면의 향기로
외국인 투숙객들과 간단한 대화도 했다.

Q. 그거(라면) 어디서 샀어요? 호텔에 팔아요?
A : 아니오. 한국에서 가져왔어요. 이츠 코리아 트레디셔널 누들!
Q. 캐리어에 넣어서 온 거예요?
A : 네! 한국사람들은 여행갈 때 꼭 챙기는 필수템이에요!

애국자라도 된 듯, 한국 라면 예찬을 하고 나니 딱 두 개 챙겨온 라면이 더 소중하게
느껴졌다. '아, 라면 먹는데 뷰가 이렇게 아름다울 일인가?' 생각하면서 호로록호로
록 맛있게 먹었다.

슬리퍼에 츄리닝바지를 입고 나왔지만, 바로 들어가기 아쉬워 거리로 발걸음을 돌
렸다. 오늘만 세 번째인 젤라또를 사서 이 골목 저 골목을 걸었다. 벌써 베니스에서
의 마지막 밤이다.

가야 할 목적지에 향하느라 미처 보지 못했던 풍경들이 밤에는 더없이 선명하다.
체력이 더 좋았다면 날이 밝을 때까지 일탈이든 방황이든 뭐라도 하고싶게 했던
반짝거리는 베니스의 밤거리였다.

여행을 오니 알아먹을 수 없는 낯선 낙서조차 마음에 든다.
모두의 시선을 사로잡는 크고 대단한 걸 보는 것보다
왠지 나만 발견했을 것 같은,
나만 의미를 부여했을 것 같은
이러한 잡음 같은 것들에 마음이 끌린다.

내가 가지고 있는 잡음들,
나만이 쓸 수 있는 글들도
누군가를 끌리게 할 수 있을까?
조금 서글픈 눈을 하고 이런 생각들을 했던 것 같다.

이탈리아에서 하루를 마무리하는 마지막 일과는 항상 물 사오기다. 빅사이즈로...

오늘 밤 또 얼마나 기침을 달고 보내야할지 모르겠지만..
내일은 내 꿈의 여행지, 피렌체로 떠난다!

1day Best Food	돌로미티에서 먹은 스테이크, 감자튀김
1day Best Place	돌로미티 산맥 전역
1day Thanks Point	돌로미티 투어 가이드님의 완벽한 투어

베니스에서의 마지막 날, 오늘도 베니스는 눈부시게 맑고 아름다웠다. 도대체 앞으로 어떤 고난과 역경이 불어닥칠 것이기에 날씨 운이 이렇게 좋은 건지 불안이 엄습할 만큼 말이다. 사실 어제는 늦은 밤까지 피렌체에서 묵을 숙소 문제로 동행자와 감정 (기 싸움)의 골이 깊어졌고, 아침까지 냉랭한 기운이 돌았다. 하지만 우리의 화해의 키는 의외로 간단했다. 바로 '조식'이었다.

그날의 조식 사건은 그야말로 충격과 공포였다. 테라스에 명당 자리를 잡고 신나게 음식 몇 접시를 채워 플레이팅 했더니, 대왕 갈매기 한 마리와 비둘기 여섯 마리가 푸드득대며 덤벼들었고, 순식간에 접시 빼고 모든 걸 먹어치웠다. 그 관경을 눈앞에서 보고 기절하지 않은 게 천만다행이었다. 뭐 그런 걸로 유난이냐는 듯, 오히려 나를 신기하게 쳐다보던 외국인들의 시선이 좀 야속하기까지 했다.

이대로 조식을 포기할 수는 없지!

내부에 다시 자리를 잡고 새 조식을 퍼와서 얌전히 맛있게 먹었다. 어쩌면 이 여행에서 마지막 호텔 조식일지 모른다는 생각에 최대한 많이 먹어댔다. 피렌체 숙소는 결국 동행자 뜻대로.. 조식은 꿈도 못 꿀 한인 민박을 잡았기 때문이다.

한인민박의 장점은 명료하다.

■ 호텔에 비해 숙박비가 저렴하다.

■ 한인 호스트나 여행자들에게 유용한 정보들을 얻을 수 있다.

동행자는 오래 전 아무 준비 없이 온 이탈리아 여행에서 한인 민박 덕분에 너무 만족스럽고 알찬 여행을 경험했다고 나를 설득했다. 하지만 나는 여행에서 편안한 잠자리와 화장실이 매우 중요하다고 맞섰다. 여행 오기 전, 호화로운 호텔이 아니라도 안전하고 깔끔한 숙소에서 묵자고 합의 한 부분도 내세웠다. 하지만 그건 아름다운 상상만을 하던 때이고.. 지금 상황은 매우 제약적이었다. 숙소 부킹을 계속 미루고 미룬 탓에 전 날 밤에야 숙소를 잡게 된 것이다. 우리의 여행은 쭉 이런 식이었다. 하루살이처럼 그날그날 잘 곳을 찾아 헤매는 신세.. 국내 여행에서도 전 날까지 숙소를 결정하지 않은 적이 없었는데, 우리 여행은 어쩌다 이렇게 된 걸까? 때늦은 후회만 드는 거다.

결국, 피렌체에서의 2박은 혼자라도 한인민박을 묵겠다고 고집하는 동행자를 따라 나도 자포자기하듯 함께 하기로 했다. 문제는 코로나로 외국 관광객들이 발 묶인 2~3년의 시간동안 수많은 한인민박들이 사라졌다는 슬픈 현실이었다. 그나마 남아 있는 민박 중 위치나 평이 좋은 곳들은 이미 예약이 끝났고, 우리는 '어쩔 수 없이' 남아있는 민박이라도 잡을 수밖에 없었다. 때문에 머리가 무거웠지만, 베니스에서의 마지막 날을 최대한 해피하게 누리고 싶었다.

우리는 아직 베니스 본섬 구경을 제대로 하지 못했기 때문에 일단 수상 버스를 타고 리알토 역으로 향했다. 나는 본섬을 자유롭게 돌고, 동행자는 미술관에 다녀와 만나기로 했다.

특정 장소나 작품에서는 어느 정도 꼭 느끼고 알아야 것들을 수동적으로 보게 될 수밖에 없는데, 혼자 골목을 돌 때는 온전히 내 스스로 주체적인 여행을 하고 있다는 느낌이 든다. 골목과 거리에서 받는 영감이 돌아가 다시 이 여행을 기억할 때에도, 글을 쓸 때에도 많은 부분을 지배한다.

120 Venezia

<u>리알토다리</u>

낭만적이라기보다 엄청난 인파로 곧 무너질 것 같다는 염려와 놀라움이 컸다. 다리 위에서 내려다본 풍경도 우리가 묵은 숙소나 산타루치역 앞 다리보다 좋은지는 잘 모르겠더라..

산타마리아성당 & 산말코 광장

확실히 경이롭고 광활했다. 한국 사람이나 관람객도 가장 많았다. 하지만 상인들은 조금 덜 여유롭고 불친절하다는 느낌을 물씬 받았다. 나에게 큰 감흥은 없었지만 엄마에게 보내고 싶은 성당 사진을 잘 찍었다.

그 와중에 한국인 관광객들의 비매너적인 행위들도 목격했다. 아이가 귀엽다고 코 닿을 거리까지 가서 사진을 찍어대는 어머니들..

어떤 유럽 국가나 특정 지역에서는 한국인들을 출입금지시키거나, 경계하는 장소들이 늘고 있다고 들었는데 어느 정도 이해할 수 있을 것 같았다.

플로리아 카페

300년 넘은, 유럽에서 가장 오랜 전통을 가진 카페.

기대를 품고 열심히 찾아갔지만 아직 문도 안 연 상태였다. 오픈 시간이 오후 2시라는 건 정말 반전이었다. '카페가 아무리 잘 되도 카페지, 점심 시간도 훨씬 지나서 오픈하는 게 말이 되나?' 라는 생각에 괜히 약이 올랐는데 둘러보니 수많은 직원들이 카페 구석구석을 청소하고 있는 것 아닌가.마치 미술관의 작품들을 다루듯 아주 조심스럽고 정교하게 말이다. 이렇게까지 관리를 하니 오래오래 명소가 될 수밖에 없겠구나 하고 납득을 했다. 오픈 전이지만 그래도 내부를 구경할 수 있어 만족하고 돌아왔다.

서점

본능처럼 들어간 곳. 아는 책들도 꽤 있어서 반가웠다. 이미 캐리어도 터질 것 같이 짐은 차고 넘쳤지만.. 책은 짐이 아니지! 하는 마음으로 이탈리아 원어 책을 몇 권 샀는데 사진 찍다 서점에 그대로 두고 왔다는 깃은 지금까지 만성중이나.

골목 하나를 지나가던 중, 쇼윈도에 비친 빈티지 전화기 한 대가 눈에 들어왔다. 처음엔 예쁜 타자기인 줄 알고 보석이라도 보듯 바짝 붙어 살펴보니 전화 다이얼들이 보이는 거다. 나는 기계를 다루는 데에 능숙하지도 않고, 무얼 만지면 잘 고장내는 데에도 일가견이 있다. 그래서 섬세하고 정교하게 다뤄야 하는 물건은 사실 어렵다. 오래된 물건일수록 더 그렇다. 그런데 꼭 이런 것들에 더 애정이 간다. 나와 자꾸 어긋나는 사람을 더 욕심내게 되는 것과 비슷한 결인 걸까?

내가 글을 쓰는 작업실에도 오래된 수동 타자기 하나가 있다. 마음에 쏙 들어서 오래전부터 점찍어 둔 것이었다. 우리의 기념일 때 네가 빨간 장미꽃다발과 함께 선물로 사주었고, 드디어 내 공간에 내 것으로 둘 수 있게 됐다. 그런 고마움을 표현하기 위해 며칠 밤 혼자 타자 연습을 했고, 너를 위해 이런 글을 새겼다. 의도하진 않았지만, 이 글을 완성한 후로 지금까지 타자기를 쓰지 않았다. 잉크가 마르고 다시 방치되어버린 내 타자기처럼, 너를 생각하면 아무 것도 손쓸 수 없게 된 내 마음이 좀 애처롭다.

'당신을 내 등 뒤에 두고 싶었다.
나도 한 번쯤 넓고 따뜻한 등을 갖고 싶었다.

달을 좋아하는 너의 눈을 보고
너도 아픔이 많다는 걸 알았다'

Florence

사랑의 도시

그렇게 본섬 투어를 짧고 알차게 마무리하고 베니스와는 작별, 곧바로 피렌체 기차에 올랐다. 기차 안이 놀랍도록 고요하고 좌석도 텅텅 비었다는 게 반전이었다. 하지만 기차에서 소매치기가 아주 빈번하다고 해서 2시간 반 동안 우리는 한 숨도 안 자고 경계 태세를 풀지 못했다.

내 캐리어는 30인치짜리인데 키 작은 아시안 여자인 내가 끌고 가는 걸 보면 마치 계란이 바위를 들고 가는 느낌을 준다.. 계단 이동이 필수인 역이나 공항에서는 특히 애물단지가 따로 없다. 하지만 그때마다 어디선가 이 짐덩어리를 친절하게 들어 올려주시는 분들이 나타난다. 이번 기차역에서도 천군마마가 나타났다! 스윗한 이 친절남에게 수줍게 초콜릿을 드렸다.후훗. 무려 국경을 넘어 오스트리아에서 사온 로아커 초콜릿 말이다.

이런저런 역경을 타파하며 드디어 피렌체 도착!! 그런데 이게 무슨 일이지? 베니스에서 맑디 맑던 하늘과 다르게 피렌체는 흐린 하늘 아래 비가 내리고 있었다. 숙소까지는 도보 10분! 무거운 케리어를 끌고 가면 20분은 걸릴 게 뻔하다. 힘을 내자!! 했지만 길이 보통 험난한 게 아니었다. 짜증을 안 내려야 안 낼 수 없이 좁고 울퉁불퉁한 인도 몇 개를 거쳐야 했다. 베니스에 있는 며칠은 자동차를 볼 수 없었기 때문에 피렌체에 오자마자 쌩쌩 달리는 차들을 보니 괜히 더 예민해졌다. 그렇게 피땀눈물로 겨우 한인민박집에 도착..!!

그런데 아무리 초인종을 눌러도 숙소에서는 아무 인기척이 없는 게 아닌가. 비를 맞고 발을 동동구르며 몇 번의 초인종을 더 울렸을까. 잠이 덜 깬 남자 투숙객이 나왔고, 사장님이 부재중이라며 대신 안내해주셨다. 구세주처럼 내 캐리어도 들어 올려주시고 말이다. 그렇게 겨우 숙소에 들어왔는데.. 방을 보자마자 주저앉고 말았다. 내가 지금것 살면서 경험한 수많은 숙소 중 최악의 컨디션 그 자체였다.

한인민박을 고집한 동행자에게 다시 한 번 천불이 났다. 참담한 심정으로 삐그덕거리는 침대에 걸터앉아 있있는데 한참이 지나 사장님이 오셨다. 무표정한 얼굴과 무기력한 목소리, 다소 무감정적인 말투가 사장님의 첫인상이었다. 내일은 그나마 컨디션이 나은 2인실이 난다는 소식은 불행 중 다행이었다. 우리는 추가 금액을 지불하고 방을 옮기기로 했다.

배가 몹시 고팠고, 피렌체에서는 티본스테이크를 꼭 먹어야한다고 할 만큼 정평난 맛집들이 꽤 있었다. 우리는 고민 끝에 한국인들에게 인기 많고 숙소에서 가장 가깝기도 한 'ZAZA'로 결정했다. 실망이 이만저만이 아닌 숙소 밖을 나오니 비가 와도 좋았다. 쭉 맑은 날만 여행했는데, 오히려 운치 있었다. 열심히 그람수까지 비교하며 사온 초경량 우산도 드디어 펼쳐보게 돼서 뿌듯하기까지 했다.

우산 속에서 멀리서 봐도 예쁜 식당을 금세 찾아왔다. 2주 동안의 여행에서 아시안을 가장 많이 봤던 곳이 바로 이 식당이었다. 외관부터 내부까지 눈으로만 담기는 아까울 정도로 예쁜 인테리어를 갖추고 있었고, 분위기도 전통 레스토랑보다 캐주얼하고 밝은 느낌이었다.

우리는 티본스테이크와 파스타와 빠질 수 없는 와인, 그리고 후식으로는 딸기소르베를 시켰다. 양이 어마어마해서 아무리 욕심부려도 둘이선 남길 수밖에 없었다. 개인적으로는 스테이크보다 소르베가 짜릿할 정도로 맛있었다.

* 티본스테이크 주문 Tip : 이탈리아에서 스테이크는 미디움웨더는 비추다! 미디움레어 or 미디움을 시켜야 질기지 않고 우리가 가장 맛있게 잘 먹을 수 있는 부드러운 고기 상태다

√ 피렌체 티본스테이크 유명 맛집

1. Trattoria Za Za
   주소 : Piazza del Mercato Centrale, 26r, 50123 Firenze FI
2. Trattoria 13 Gobbi
   주소 : Via del Porcellana, 9R ,50123 Firenze

피렌체는 먹구름 아래 비가 내려도 예쁜 도시였다. 이탈리아에 온 후 처음 보는 비의 운치에 빠져 축 내려앉아있던 마음을 위로받았다.

하지만 아쉬울만큼 잠깐 머물다 간 운치였다. 밥을 먹다보니 금세 빗방울이 멈추고 해가 쨍쨍해졌다. 잠깐 다운됐던 텐션을 가다듬고 신나게 두우모를 향해 직진했다.

피렌체에서 길을 몰라도 두우모 쪽을 향해서만 가면 다 나온다는 설이 있다. 정말 어디서든 360도로 두우모가 보였다. 숙소에서 느낀 시름과 충격을 다 잊고 그 웅장함과 경이로움에 사로잡혔다. 맞아! 내가 이걸 보러 이탈리아에 왔지! 하면서 피렌체에서 첫 눈물을 흘렸다.

그 어떤 음식이나 좋은 술을 천천히 음미하는 것보다
두우모를 둘러싸는 길을 한 걸음, 한 걸음을 걷는 게
내가 살면서 느껴본 최상의 호화로움이었다.

피렌체는 이탈리아 관광지들 중 작은 면적에 속하는 도시다. 걸어서 웬만한 곳은 다 돌 수 있고, 그래서 여행 일정을 잡을 때 1박도 안 하는 사람도 많다고 한다. 하지만 이 도시에 조금이라도 머물다보면 며칠이라도 더 묵고싶어질 게 뻔하다. 이 곳에서 3일을 머물 수 있는 게 감사했고, 걸어서 여행할 수 있음에 더 감사했고, 걷는 동안 예쁘고 소소한 것들을 보고 누릴 수 있어서 더없이 좋았다.

이탈리아는 디저트가 유명한 만큼, 젤리도 유명하다고도 들은 것 같다. 형형색색 아기자기한 젤리 가게들이 눈에 띄었고, 젤리 매니아인 나는 어느새 젤리 쇼핑에 정신을 못 차리고 있었다. 옷 고르는 것보다 더 꼼꼼하게 골라담던 이 날의 젤리는 여행 내내 피로감을 풀어주는 비타민 역할을 톡톡히 해주었다.

걷고 걷다 레푸블리카 광장에 다다랐고, 한국에서도 유명한 Gilli (길리 (X), 질리(O)
카페에 입장했다. 이탈리아에 와서 경험한 첫 번째 웨이팅도 이 곳이다. 그래봤자 고
작 5분 정도?

Caffe Gilli가 유명한 이유는 1733년부터 지금까지 운영되고 있는 유서깊은 곳이기
때문이다. 고풍스러운 인테리어에 잘 관리된 대리석, 원목의 조화로운 가구들이 주
는 분위기가 가히 압도적이었다. 차분해지면서 경이로움을 동시에 느낄 수 있는 기
분이랄까? 많이들 테라스 자리를 선호하는 듯 했지만, 안을 들어와보니 내부의 엔
틱한 분위기도 좋았다. 거기에 입에 넣기도 아까울 정도로 예쁘고 맛있어 보이는 각
양각색 디저트들이 다양하게 있었다. 이 곳에서 제일 유명한 건 티라미수와 비스코
티라고.

이탈리아뿐만 아니라 유럽은 전체적으로 아메리카노 메뉴 자체가 없는 게 정석인데, 이 오래된 카페에 아메리카노와 아이스아메리카노까지 메뉴에 있는 게 신기했다! (아이스 아메리카노는 Americano freddo를 주문하면 된다!)

이탈리아에선 1일 1카푸치노+1티라미수는 필수라고 할 만큼 대표 커피와 디저트지만, 나는 카푸치노도, 티라미수도 그닥 좋아하지 않는다. 그런데 정말 이 카페의 맛은 그간 내가 느껴온 맛들과는 좀 다르긴 했던 것 같다. 카푸치노는 확실히 더 쫀득한 거품의 풍미와 깊은 맛이 느껴졌고, 당도가 심하지 않은 풍신풍신한 크림의 티라미수는 깔끔하면서 부드러웠다. 물론 기분탓일 수도..

그렇게 다 좋았는데.. 아무리 생각해봐도 우리는 이 날 인종차별을 당했던 게 맞는 것 같다. 발단은 계산서였다. 다 먹고 나서 다른 손님들처럼 계산서를 달라고 요청했지만, 담당 서버분은 아무리 기다려도 돌아오지 않았다.

우리보다 늦게 요청한 손님들이 먼저 계산을 마치고 가는 걸 보면서 단순한 실수가 아니구나 직감했다. 그렇게 세 번이나 재차 요청해야 했다. 그 사이 해는 지고, 우리는 투명인간 손님이 된 기분을 오랫동안 느껴야 했다. 나는 동행자에게 열을 내며 씩씩댔지만, 동행자는 덤덤한 듯 나를 진정시켰다. 맞다. 여기는 이방인인 나의 컴플레인은 소용없는 곳이다. 스트레스를 받으면 받을수록 손해는 나만 입는다. 뭐 이것도 한국에서는 겪기 힘든 또 하나의 경험 아닌가? 하고 말아야지.

요즘 카페는 그냥 뭘 마시고 먹는 식음의 공간만이 아니라 누리고 느낄 수 있는, 그 야말로 '문화 공간'이지 않나. 그런 의미에서 와볼만 한 공간이라는 것은 충분히 느꼈고, 다시 피렌체에 온다면 조금 더 오래 머물 수 있는 여유를 가지고 재방문 하고 싶다. 대신 이 날 겪은 인종차별 같은 건 한 번이면 충분한 것 같다..

카페에서 나와 해가 져 가는 피린체를 또 걷기 시작했다.
동행자가 먼저 와봤던 피렌체에 대해 말해주길, 낮보다 밤이 더 낭만적인 도시라고 이야기했었다. 몇 걸음만 걸어도 그 말에 나도 완벽하게 공감했다. 뭘 특별하게 꾸미거나 장식하지 않았는데도, 도시 자체에서 풍기는 사랑스러움이 밤에 더 만개해 있다.

그렇게 걷다 우연히 첼로 연주자가 공연을 준비하는 모습을 봤다.

입에는 삐뚫게 담배를 물고서 거칠게 연주하는 모습과는 반대로
너무 부드러운 첼로 소리가 나는 거다.
내가 아티스트라는 단어를 떠올리면 저런 장면이 들어맞겠지 싶었다.
마치 연주에만 미친 미치광이처럼 보이기도 했던 것 같고 말이다.

그리고 어디선가 본 듯한 비슷한 장면을 내 기억속에서 찾아내기 시작했고,
영화 〈냉정과 열정사이〉에서 첼로를 연주하던 학생의 모습이 떠올랐다.
'Between calm and passion - Yosimata Ryo'
한동안 플레이리스트에서 무한 반복 하던 곡.. 오늘 자기 전에 듣고 자야겠다.

음악이란 무엇일까.
한 사람을 소리 하나에 미치게 할 수도,
목적지를 향해 가던 행인의 발목을 묶어둘 수도 있었다.

아티스트가 되고 싶다는 생각을 해본 적은 없지만,
어떤 일에 미치광이가 되어본 적이 있는지 생각해보았다.

살아갈 날이 물론 더 많을 삶이겠지만.
남들이 말하는 청춘의 시절을 어느 정도 다 겪고 살아왔는데도
사랑 말고는 미쳐본 일이 없었던 것 같다.

아직 내 청춘이 끝나지 않았다면,
내 몸과 마음 모든 것을 지배할 정도의 광기를
한 번쯤은 겪어보고 싶어졌다.

이젠 베키오 다리로 향한다. 동행자가 해가 질 때 꼭 가야 한다고 자신하며 앞장서 주었다. 사실 별 기대는 안 했다. 나에게 피렌체는 오로지 '두우모' 밖에 없었으므로, 이미 오늘 느끼고 싶은 만족과 아름다움은 충분했기 때문이다. 그런데 눈 앞에 펼쳐진 베키오다리 풍경은 차마 입을 다물지 못하게 했다. 피렌체에서 두 번째 눈물샘이 터진 순간이었다. 고흐의 '별이 빛나는 밤에'를 그대로 박아둔 듯, 그 그림이 영상이 되어 펼쳐진 것 같았다. 사람들이 꽤 있었지만 참 고요했고 평화로운 강가였다. 강물에는 달이 예쁘게 비추고, 덩달아 마음이 안정됐다. 한참을 그렇게 반짝거리는 강가와 다리 위 풍경들을 바라보고 또 바라봤다.

다리에 올라 앉아 강을 내려다보니 감정은 더 극에 달했다. 차가운 밤공기, 이번 이탈리아에서 찍은 사진 중 가장 마음에 드는 내 사진도 바로 이 순간 찍은 사진이다. 웃지도 울지도 않고 있지만, 내 수많은 감정이 서려 있는 것 같아서 좋다.

그리고 그곳에서 우연히 만난 낯익은 남자.. 바로 우리의 (최악의)민박집 사장님이었다. 우리에겐 서러울 정도로 까칠하고 불친절하셔놓고 가이드를 하시는 모습은 너무나 친절하고 열정적이신 거다.. 부글부글.. 그래도 인사는 드려야지 하고 먼저 쭈뼛쭈뼛 인사를 드렸더니, 역시 달가워하진 않으셨다..

언짢음을 뒤로 하고.. 음악과 박수 소리가 들려오는 베키오다리 쪽으로 다시 고개를 돌렸다. 버스킹인가보다 하고 소리를 따라갔더니, 이건 내가 생각하는 버스킹 그 이상의 스케일이었다. 호방한 아저씨가 기타치며 맛깔나게 노래를 부르고 있었고, 그 앞은 춤추는 사람들도 붐볐다. 처음엔 소년과 소녀 둘이서 수줍게 춤을 추기 시작하더니 다음 곡엔 10명, 그 다음은 20명... 그야말로 글로벌 대화합장이 된 거다.

지금 이 음악이 들리는 시간만큼은 어느 나라에서 왔는지, 몇 살인지, 어떤 춤을 추는지, 운동화를 신었는지 슬리퍼를 신었는지 그 어떤 것도 중요하지 않았다.

강가에서 눈물 흘린 게 고작 십여분 전인데.. 나는 다시 또르르 눈물을 흘렸다.
이 버스킹을 보며 제일 많이 울었던 것 같다.

첫째, 이 아름다운 밤, 마치 뮤직컬 무대같은 이 곳에 내가 있는 게 믿기지 않았고
둘째, 너무 고단하고 처참했던 하루를 다 보상을 받은 듯 했고
셋째, 너랑 왔다면 나처럼 망설이지 않고 내 손을 잡고 나가 누구보다 즐겁게 춤추고 즐겼을텐데.. 너는 그런 사람이었는데.. 이런 때 지난 감성에 사로잡혔기 때문이다.

어디서든 새로운 사람들과 잘 어울리고,
어떤 사람과도 친해지려 애쓰던 너의 모습이
처음엔 참 꺼려지고 싫었다.

하지만 그런 너와 했던 여행들이 어느 순간 내 몸에도 베인 것 같다.
음악이 나오면 눈치보지 않고 몸을 맡길 줄도 알고,
못하는 영어 실력에도 표현하고 말하는 걸 멈추지 않고,
좋은 공간을 함께 하는 이들에게 밝게 화대하고,
혼자인 이들에겐 함께 어울리자 이끌던 사람.
그렇게 구애없이 즐기는 법을 가르쳐주던 사람.

그런 네가 옆에서 사라져버린 나는
다시 예전의 나로 돌아와 있다.
움츠리고, 눈치 보고, 이 아름다운 세상에 어울리지도 못하면서
머무르고 싶어 하는 나로 말이다.

너의 모습들을 온전히 사랑하게 됐다는 사실을
나도 모르는 사이에 깨닫게 된
어리석은 나를 탓하면서
많이도 울었다.

밤이 되니 극도로 쌀쌀해졌고 우리가 앉아있던 땅바닥도 차갑기 그지없었지만, 피날레곡이 흐를 때까지 오래오래 자리를 떠날 수 없었다. 오히려 밤새 이 시간이 멈춰주지 않기를 바랐던 것 같다.. 그렇게 황홀한 버스킹 타임이 끝나고 다리를 내려와 밤의 두우모를 또 한 번 둘러봤다.

밤 10시가 넘은 시간이었지만 단체 견학을 하고 있는 아이들이 있을 정도로 피렌체는 여느 낮보다 뜨거웠다.

숙소에 거의 다 다다라서야 후회되는 게 한 가지 있었다. 오늘 좋은 곳들을 데려가 준 동행자에게 카페 금액을 계산한 것 말고는 해준 게 없었다는 것이다. 버스킹을 보면서 "우리도 나가서 춤출래?" 라고 내민 손을 잡지 못했고, 광장을 빠져나오면서 "와인 한 잔 할래?" 했던 제안도 거절했다. 밤이 되자 어김없이 찾아든 기침으로 사실 오늘 밤을 또 어떻게 넘겨야 할지 걱정에만 사로잡혀 있었기 때문이다. 그때 만약 같이 와인 한 잔을 하고 들어갔다면 어땠을까 하는 미안함은 시간이 지날수록 커졌다.

거지같은 숙소에 들어와 (심지어 건물 계단 오르는데 불빛 하나 켜지지 않았던..) 잠시 머리를 싸매고 괴로워했다. 최악의 숙소와 최악의 몸상태가 버무려지는 기분이었다. 무거운 몸을 일으켜 물을 끓여 마시며 목을 달랜 후 서둘러 씻고 누웠지만, 기침은 귀신같이 제 시간에 찾아왔다.

방이 너무 건조한 탓인지 그 날 밤 기침은 내가 평생 겪은 기침 (코로나 확진 포함) 중 최고 수위의 고약한 기침이었다. 게다가 모기 새끼의 괴롭힘까지 합세... 방음도 안 돼서 옆 방에 피해가 갈까 조마조마하기를 반복하던 시간이었다. 이 악조건의 방에서 코까지 골고 자는 동행자를 신기해하면서 애처로운 밤을 이겨냈다..

1day Best Food	ZAZA 식당 딸기소르베
1day Best Place	베케오 다리 버스킹
1day Thanks Point	베케오 다리 데려가준 동행자

민박집의 초라한 침대 이불속에
내 몸과 마음을 구겨 넣었다.

열심히 살기 위해 수도 없이 발버둥쳐왔는데
여행에서도 난 발버둥을 피할 수 없는 것만 같았다.

누구의 탓을 하는 것도
그렇다고 자책을 하는 것도
의미 없는 일이었다.
날이 밝으면 부디 내일 하루 정도는
아무것도 떠올라주지 않기를 바랐다.

이제 나에게 숙소 양보란 없다!
남은 여행의 숙소는 사치가 아닌 생존이다!

아침 일찍 빨리 이 곳을 벗어나자는 생각으로 혼자 서둘러 길을 나섰다.
난 아는 길도 돌아갈 만큼 길을 잘 못 찾고, 길을 어려워하는 심각한 길치지만
그런 건 다 필요 없었다.

빨리 앉을 곳을 찾아서 어젯밤 도저히 쓸 수 없었던 일기를 쓰고,
더 독한 감기 약도 사야했다.
(아마 이번 여행은 약국 최다 방문 여행이 될 것 같다)

조금 걷다 보니 꽤 넓은 공원 하나가 보였다.
화이트로즈가 만개해 있는 전경에 그냥 지나칠 수 없는 공원이었다.
(오늘 마침 핑크색 바지를 입고 나와서 이 곳에 올 운명이었나 싶었다)

얼굴만한 헤드셋을 끼고 앉아있는 흑인 여자 분이 있는 벤치 건너편 자리에 앉았고,
최신 헤드셋과 상대적으로 비교되는 유선 이어폰을 끼고 책과 일기장을 꺼냈다.
밤새 엉망인 컨디션이 리프레쉬 되는 아침 공기와 기분 좋은 집중의 시간이었다.
그러다 얼마쯤 지났을까, 헤드셋의 주인공이 내 앞으로 걸어와 말을 거시는 거다.
공원을 찍다 내 사진을 찍었는데 예쁘게 나온 것 같아 보여주고 싶다고 하셨다.
아이폰이라면 에어드랍으로 공유해주겠다고.
이쯤 되면 에어드랍은 정말 글로벌 소통의 혁신 아닌가?^^
외국에서 외국인에게 찍사를 당한 나의 소중한 첫 경험.
지금 봐도 너무너무 마음에 드는 사진이다. 그라찌에 ♥

그리고 요즘 유행하는 MZ셀카 in 피렌체

어떤 것을 겪든 회복기가 필요하다.
그런데 나는 너무 많은 것을 한꺼번에 그리고
빠르게 잃었고, 포기했다.

회복도 그만큼 빠르게 해내야 하는 걸까.
나에게 그런 회복력이 있을까.
이 회복에서 지게 되면
혹시 또 다른 것들을 잃게 될까.

- 피렌체 장미 공원에서의 아침 일기 -

공원을 나서서는 미리 찜해두었던 산타마리아노벨라 성당 전경의 카페에 갔다.
피렌체의 날씨는 흐렸던 어제와 달리 군더더기없이 좋았고,
파란 하늘 아래 산타마리아노벨라 성당도 그림처럼 예뻤다.
순간, 고등학교 때 무종교 선언을 했던 모태 천주교 신자의 종교부심이 끌어올랐다.

'아 이게 바로 내가 꿈꾸던 여행이지' 하고 심취하던 순간도 잠시잠깐.
이제 정말 중요한 것들을 해결할 차례.. 당장 내일 자야 할 숙소 예약이다.
그런데 오후가 돼도 동행자는 연락이 없었다.
12시쯤 만나 내일부터 시칠리아로 떠나는 여정을 의논하기로 해놓고 말이다.

결국 기다리고 기다리다 먼저 연락을 했는데 청천벽력 같은 답장이 왔다.
「오늘 우리 2인실 예약된 거 아니래..
 그 방은 다른 예약자가 생겼대.
 사장님이 운영하는 다른 민박은 예약이 가능하다는데
 문제는, 거리가 더 멀어요.. 」
나는 손이 떨릴 만큼 당황하고 분노했다.
어제 분명 2인실 방을 함께 둘러보고는 옮겨 묵겠다고 말씀드렸지만,
다른 예약자를 받았다니. 그리곤 아무 말도 안 해주셨다니..
인종차별보다 무서운 민박집의 갑질이 아닐 수 없었다.
내가 최악의 민박집 사장님이라고 한 이유였다..

무엇보다 우리에겐 더이상 시간이 없었다.
당장 몇 시간 후인 오늘 밤, 어디서 자란 말인가?
방을 빼앗긴 것도 억울한데, 더 먼 곳으로 옮겨 가야 한다고?
그럴 수는 없었다.

나는 황급히 역 근처 호텔을 찾았고,
베니스에서부터 미리 봐두었던 괜찮은 컨디션의 호텔을 서둘러 예약했다.
당일 날 방이 남아있다는 게 기적처럼 느껴졌다.
동행자는 함께 자지 않아도 좋다.
난 무조건! 오늘 이 호텔에서 피렌체 마지막 밤을 보내리라..

동행자는 그 후로 한 시간이 지나 카페에 등장했다.
나처럼 갑작스런 숙소 이슈로 멘붕인 건 마찬가지일 테지만,
이쯤에서 나도 쌓여있던 이야기들을 털어놔야 했다.
첫째, 오늘 내 숙박은 호텔로 결정했다. 민박 금액만 나에게 주고 같이 묵을 것인지,
악질 민박집 사장님의 또 다른 민박집을 선택할지 결정해라.
둘째, 왜 연락 하나 없이 기다리게 하고 정하기로 한 것들을 제때 정하지 않냐.

내가 운을 떼면서 서로에게 며칠동안 쌓여있던 불만과 서운함을 각자 솔직하게 털
어놓았다. 여행 와서 이렇게 오랜 시간 대화를 한 적이 있었나 싶을 정도로 한참을
이야기했던 것 같다. 그래도 다행인 건 나와 함께 호텔에서 묵기로 결정해준 것이었
다. 동행자가 혼자라도 민박집을 옮겨 자겠다고 하면 어쩌나 내심 걱정됐기 때문.

뷰와 커피 맛이 일품이던 이 곳에서
숨막히고 불편하던 이 대화들의 시간은 아직도 생생하다..

몇 개월간 직장 동료로서만 지내온 우리였다.

당연히 업무 외에 서로가 어떤 성향인지 충분히 알지 못했고, 라포도 쌓이지 않았기에 여행에서 한 번쯤 겪어야 했던 일이라고 생각했다.

아니, 오히려 오래된 친한 사이였다면 더 심한 말을 내뱉고 싸웠을지도 모르겠다.

터덜터덜 힘없이 숙소로 발걸음을 옮겨가던 중,

산타마리아노벨라약국 쇼핑은 놓칠 수 없었다.

웨이팅은 기본이라고 알고 있었지만 다행히 바로 입장했고,

들어서는 순간 불과 몇 분 전 일어난 모든 시름은 잊고 눈이 휘둥그레해졌다.

시즌마다 바뀐다는 꽃으로 뒤덮인 천장부터 그림 하나, 조명 하나까지..

웬만한 미술관보다 더 예술적이고 감각적인 내부 공간이었다.

처음엔 그저 눈이 돌아가서 이것도 저것도 다 챙겨 담던 나였지만
"여기 화장품 매장 아니고 약국이야! 한국에서는 잘 못 사는 약을 사는 게 의미 있을 것 같아요" 라는 동행자의 뼈있는 조언이 아주 일리가 있었다.

백화점이나 인터넷으로 얼마든지 살 수 있는 화장품, 향수는 내려놓고
엄마와 언니, 친구에게 선물하기 좋은 영양제나 심신안정에 좋다고 추천받은 라벤더 제품을 골라담았다.

산타마리아노벨라는 피렌체 수도사들이 만든 약국으로부터 만들어진 브랜드다. 몇 해 전 800주년을 기념했을 만큼 오랜 역사를 자랑하고 있다.
지금은 수도사들이 사용했던 천연 제조법기법 그대로 헤어, 바디, 오일, 비누, 방향제 등을 만들어 세계적인 코스메틱 브랜드가 됐다.

최근 '브랜딩'과 '공간'에 가장 큰 관심을 두고 있는데, 이곳은 나에게 영감을 주는 곳으로 제격이었다. 브랜딩의 기본인 스토리텔링은 논할 것도 없고, 곳곳에 베어있는 디테일한 우아함에 압도당하지 않을 수 없었다.

이탈리아에서 수많은 브랜드 쇼룸과 명품 매장을 방문했지만, 이 곳 직원분들의 에티튜드가 가장 인상깊었다. 전문적이면서도 일정한 온화함을 유지하는 직원들 덕분에 브랜드가 더 가치있어 보였고, 더불어 브랜드의 애정도나 신뢰도 높아졌다.

이 제품들이 이 공간에 있어야 하는 서사와 이유가 완벽하게 설득됐던 공간.
적어도 내가 아는 이탈리아 브랜드 중 최고는 단연 산타마리아노벨라라고 단언한다. 꼭 무엇을 사지 않아도 좋으니 피렌체에 온다면 꼭 한 번은 들러볼만한 곳인 것 같다!

궁전같은 산타마리아노벨라와는 전혀 다른 현실의 내 처지로 돌아갈 시간.. 민박집에서 하루도 안 돼 또 무거운 캐리어와 짐가방을 다시 이고지고 나왔다. 입밖으로는 참지 못해 험한 욕을 내뱉으면서 말이다.

새로 잡은 호텔까지는 못해도 20분 정도를 걸어야 하는 길. 유럽이 다 그렇겠지만, 이탈리아의 돌길은 정말 어마어마하다. 한 사람이 겨우 지나가는 비좁은 인도에서 캐리어 바퀴가 몇 번이나 도는 건 기본이고, 역방향에서 오는 사람들이나 차들을 피해 가기는 고행이 따로 없다. 34도를 웃도는 폭염의 하늘 아래서 벌받는 기분이 절로 드는 거다.

머릿속으로 오로지 '호텔! 호텔!'하며 정신 승리를 했다. 조금만 버티면 어제보다 몇 배는 더 숙면을 취할 수 있다! 천만다행인 건 호텔이 역 바로 앞이라서 내일 편히 이동할 수 있다는 사실이었다. 드디어 역이 보였고, 땀을 뻘뻘 흘려 호텔에 도착했다. (당일 예약한 방이라 가격이... 원래 가격보다 굉장히 사악했다...)

기진맥진한 우리는 방 문이 열리자마자 한동안 아무 말 없이 숨을 고르고 있었다. 동시에 수많은 감정이 복받쳤다. 큰 고비 하나를 잘 넘겼다 안심이 되면서도 억울함이 치밀었다. 어제 오늘 들인 돈과 시간, 감정까지 소모하며 이 생고생을 한 게 다시 한 번 복기됐다. 그리고 우리는 피렌체에서의 남은 반나절은 각자 즐겨보기로 했다.

나는 두우모에 오르는 것을 포기할 수 없었다. 오늘 무척 힘이 들었지만, 두우모에 오르지 못하면 평생 후회할 것이 뻔했다. 그리고 그 전에 해야 할 일은 저녁 식사였다. 호텔에 와서 긴장이 풀리니 급격하게 배도 고팠다. 맛있는 걸 먹고 보상받고 싶었다. 혼자선 메뉴 두 개도 제대로 먹지 못할 게 뻔한데.. 하는 생각으로 구세주 같은 '유랑'을 켰다.

√ C-Hotels Club (4성급)
Via S. Caterina da Siena 11, Firenze, Italia
클래식 트윈룸, 1박 가격 : 410,292원

지금 당장 피렌체에서 오늘 저녁을 함께 보낼 친구를 찾을 수 있을까?

찾았다! '지은이'였다. 더 다행인 건 지은이도 두우모에 아직 오르지 않아서 함께 하기로 했다. 그리고 지은이를 만나기로 한 이 순간부터 오후에 찾아왔던 불행이 저녁에 행운으로 돌아온 듯 했다.

한 가지 고민이 되는 건, '두우모 쿠폴라'에 오를 건지 '조토의 종탑'에 오를 것인지였다. 둘 다 수백 개의 계단을 올라야 했고, 입장 마감 시간이 다가오고 있었으므로 한 곳만 갈 수 있었다. 다 상관없다는 지은이의 의견에 결정권은 내가 쥐고 있었다.

우리가 일반적으로 두우모 두우모 하는 '두우모 쿠폴라, 브루넬레스키의 돔'에 오르려면 463개의 계단을 올라야 한다. 두우모에 오른다는 의미가 크지만, 두우모 쿠폴라를 볼 수는 없다는 걸 감안해야 한다. 반면, 조토 디 본도네가 설계한 종탑인 '조토의 종탑'에 오르려면 414개 계단을 올라야 한다. 두우모 쿠폴라를 가장 잘 볼 수 있는 전망인 것이 가장 큰 매력이다. 나는 두우모 쿠폴라에에 직접 오르는 것보다 보고싶어 하는 마음이 컸던 것 같다. 그래서 그 건너편의 조토의 종탑에 오르는 것을 택했고, 라스트 입장 1시간을 남겨두고 두 장의 표를 겟하는데 성공했다.

종탑 앞에서 새로운 피렌체 동행자 '지은이'를 처음 만났고, 만나자마자 함께 한 일은 앞만 보고 414개 계단 오르기다. 몇 년 전 크로아티아에서 시계탑을 오른 것 말고 수백 개의 계단을 오르는 건 처음이었다. 진작 운동 좀 할 걸 하는 뻔한 후회가 절로 밀려오는 코스다. 한 번 오르기 시작하면 오로지 한 줄로 직진만 할 수 있는 오르막 계단의 행렬. 한 층 한 층을 오를 때마다 '구멍'이라는 표현이 더 잘 어울리는 작은 창틀을 통해 들어오는 빛을 보면 '실낱 같은 희망'이란 표현이 절로 떠오른다. 그 작은 '빛 구멍'을 들여다보면 높아진만큼의 전망과 말도 못하게 황홀한 이탈리아 전역을 만끽할 수 있다.

그렇게 지은이와 나는 헥헥 대며 계단을 오르면서 천천히 친해지기 시작했다. 지은이와의 인연은 처음부터 놀라웠다. 지은이도 내가 살고 있는 광주에 살고 있었다. 얼마든지 오며가며 만났을 수 있는 사이! 20살 때부터 알바를 해서 모은 8백만 원을 들고 유럽 5개국을 투어하고 있는 대학생이라고 했다. 이런 지은이와 보낸 반나절을 떠올리면 지금도 흐뭇한 미소가 절로 지어진다.

드디어 종탑에 올랐는데, 어떻게 된 일이지? 360도 사방이 철조망이었다. 철조망이 없는 것처럼 찍힌 SNS 사진들에 우리가 깜빡 속은 거다. 아무렴 어떤가. 두우모가 내 눈앞에 정말 손 닿으면 닿을 것 같은 거리에 있는데. 이 곳에 지금 내가 올라 있는데 말이다. 그리고 조금만 더 있어보면 철조망이 있어야 하는 이유를 백번 이해할 수 있었다.

아, 이런 곳이라면 생을 마감해도 행복할 것 같다는 생각이 절로 들기 때문이다.

피렌체와 두우모,
청춘, 젊음, 사랑, 진심, 낭만 같은 생각만해도 몽글몽글한 것들이 떠오르는 곳인데
가장 큰 이유는 역시 〈냉장과 열정사이〉 영화 덕분이었다.

아마 영화와 책을 본 많은 연인들이 그러했듯, 나 역시 그때 만나던 남자친구와 서른
살이 되던 해 두우모에서 만나자고 약속했다. 서른이 되기도 한참 전에 헤어져 지금
은 소식조차 모르는 남남이 되었지만, 내가 모든 걸 바쳐 사랑했던 사람이었다는 기
억은 강하게 남아있는 그 시대의 내 사랑.

'너무 강하게 이끌리면 부딪치기도 쉽다는 사랑
정말로 사랑하는 사람과는 이뤄질 수 없다는 진실'
영화에서는 초반 이 메시지를 강렬하게 주었지만,
그렇기 때문에 몇 년이 지나 결국 준세이와 아오이의 사랑이 이루어진 것이
내가 생각한 이 영화의 가장 큰 반전이었다.

"혼자 있는 걸 아무렇지 않게 여기는 여자애
난 너를 무척 강한 애라고 생각했어
하지만 사실은 그렇지 않았지
외로워서 누군가에게 의지하고 싶지만
고집이 세고 자존심이 강해서
어떻게 대해야 할지 몰랐어"

준세이가 봤던 열 아홉의 아오이는 마지막까지 아오이다웠다.
단단해 보이지만, 약한 내면이 곪아있는 상처투성이의 여자.

나에게도, 대부분의 사람들에게도 아오이같은 면이 있겠지만
이런 내 진짜 모습을 들여다봐주는 사람을 만난다는 건
아무에게나 일어나주지 않는다.

나는 두 번의 사랑을 놓쳤다.
내 글을 좋아해주던, 나에게 평생 글을 쓰고 살라고 해주던 사람과
강한 척, 외롭지 않은 척 살아온 나를 외롭지 않게 해주던 사람.
하지만 나를 알아봐준 그 사람들을 다 떠나보냈다.
너무 어렸고, 비겁했고
자만했다.

나는 여전히 글을 쓰는 데에 확신이 없고,
여전히 뾰족한 가시를 세우고 살아간다.
물론 영화 같은 반전은 일어나주지 않은 채.
아오이도, 준세이도 아닌 채 살아가면서.

한국에 돌아가면 이 감동과 여운이 가시기 전에 꼭 다시 영화를 봐야겠다 다짐했다. 그렇게 두우모를 바라보며 이런저런 생각에 잠겨있는데, 머리카락을 날리며 철조망 사이 전경을 웃으며 바라보던 지은이의 모습이 참 예뻤다. 연예인을 닮았다고 하니 쑥스러워하던 모습까지도..

거의 마지막에 입장해 마지막까지 머물렀던 우리의 종탑을 아주 오래오래 간직할 거다.

종탑에서 다시 414개 계단을 내려와 무척 허기가 진 우리는 지은이가 찾은 발사믹스테이크 맛집에 갔다.

뭐 우리나라도 그렇지만 이탈리아도 웬만한 맛집은 예약제로 운영되고 있다.
갈 곳, 시간이 명확하다면 미리 예약하는 게 정말 현명하다! (할인도 됨)
우리는 예약에 실패했지만, 행운스럽게 바로 자리를 잡았다.

이탈리아에서는 카페든 식당이든 식전빵은 거의 기본으로 나온다. 메인 음식을 먹기 전에 입맛을 돋우는 반가운 식전빵. 하지만 애석하게도 식전빵이 맛있었던 곳은 별로 없었다. 배고파서 아무 거나 먹어도 맛있을 것 같은 허기였는데도 말이다. 씹기 힘들 정도로 딱딱한 식감과 '무맛'의 식전빵이 대부분이었다. 그런데 이 곳 빵은 리필을 하고싶을 정도로 맛있었다. 빵 굽기와 소스까지 조화로웠던 이 맛이 아직도 생각난다.

예쁜 비주얼에 발사믹스테이크는 맛은 더 좋았고, 석류와 같이 곁들어 먹은 만두같은 파스타(라비올리 Ravioli)는 이색적인 맛이라 추천하고 싶다. 그리고 달달한 감칠맛이 인상깊었던 딸기와인까지.. 특히 이 딸기 와인은 피렌체가 아니면 어디서도 맛볼 수 없는 와인이라고!

이탈리아에서 실패한 식당들이 많았는데, 오늘 이 디너는 베스트 오브 베스트 디너였다. 피렌체에 다시 온다면 두우모와 베키오다리 다음 필수 코스로 기억해둘 장소가 됐다. 나와 비슷한 감동을 받은 손님들이 많았는지, 식당 벽에는 세계 각국의 언어들로 방명록을 남긴 접시들이 가득했다.

✓ 아쿠아알투 (Acqua Al 2)
Via della Vigna Vecchia, 40r, 50122 Firenze FI, Italia

유명한 젤라또집에서 한국인들에게 인기라는 '고급스러운 투게더 맛' 젤라또를 들고 미켈란젤로 언덕을 올랐다. 지은이는 어제도 이 언덕을 올랐다고 했는데, 오늘도 가고싶다는 말로 배려해 나를 데려가주었다. 어제 동행자가 데려가준 베키오다리에 이어 오늘은 지은이가 데려가준 미켈라젤로 언덕에 오르다니. 두 여자 덕분에 이 길치는 밤길을 편하고 아름답게 여행했다.

언덕을 오르는 길은 생각보다 길고 가팔랐지만 기분만큼은 거의 구름위를 걷는 듯 설레었다. 무엇보다 지은이와 스치듯 나누었던 대화가 가장 기억에 남는다. 여행 중에 일기를 쓰냐고 물어봤는데, 일기에서조차 솔직하지 못한 자신이 싫어서라고 쓰지 않게 됐다고 대답하던 지은이. 그 한 마디야말로 어느 일기보다 솔직하게 들렸다.

미켈란젤로 언덕은 듣던대로, 그리고 예상대로 황홀했다. 평평하게 펼쳐진 시뇨리아 광장(Piazza della Signoria)의 밤을 밝혀주듯 우뚝 서 있는 베키오궁전의 종탑과 쿠폴라가 반짝반짝 빛난다. 돌벽에 붙어 야경을 보던 수많은 사람들 사이, 우리도 간신히 걸터앉아 병맥주를 홀짝홀짝 마시던 순간이 더할 나위 없이 평화로웠다.

꼰대의 기준은 모르겠지만, 꿈이 뭐냐고 묻는 사람들은 꼰대라고 부르곤 하던데..
나는 이제 그 질문을 왜 하는지 이해하는 꼰대가 됐다.
나에겐 20대 대학생 시절은 기억도 가물가물해질 만큼 희미해졌는데,
지금 그 시절을 살고 있는 지은이는 어떤 꿈을 갖고 살고 있는지 진심으로 궁금해서였다.

"지은아, 꿈이 뭐야?"
지은이는 꿈이 없다고 말했지만, 솔직하고 당당하게 대답하는 지은이의 눈을 보면서 꿈이 뭔가는 중요하지 않겠다 싶었다. 여행을 와도 이렇게 멋지고 야무지게 해내고 있는데, 이 아이가 뭔들 못 하겠나 하는 확신이 들었기 때문이다.

너무 좋은 사람들을 만나고 그 사람들에게 다사다난한 에피소드들을 듣는 게 가장 큰 여행인 것 같다고 말하던 지은이. 그걸 벌써 깨달아버린 지은의 남은 20대와 30대가 기대됐다.

솔직해준 지은이에게 나도 솔직한 비밀 하나를 털어놓았다.
나는 사실 이 여행에서 돌아가면 프로포즈를 할 거라고.
다름아닌 헤어진 남자친구에게 말이다. 그래서 편지지도 챙겨왔다고.

그냥.. 뭐 거창한 사랑 고백이나 감성팔이의 의도가 있었던 것 아니었다.
사랑하는 사람이 있다면 최대한 많이 사랑하고 만나길 바랐고,
사무치는 후회가 남는 이별은 하지 않았으면 하는 바람이었던 것 같다.
부디 나처럼 찌질한 전여친이 되지 않기를 바라며..

누가 유럽 여행에서는 해가 지면 돌아다녀선 안 된다고 했던가.

지은이와 미켈란젤로 언덕에서 내려와 숙소를 찾아가던 길은 낭만 그 자체였다.

불빛들이 떠다니는 밤의 강가를 걷는 것도, 걷다보니 신나는 버스킹과 춤사위가 한창인 시내 한복판에 어색하게 묻혀있는 것도, 이 길에서의 모든 것들이 이방인만 느낄 수 있는 낭만이었다.

계속 긴장하며 걷도는 나에게 괜찮다고 편히 즐기라고 말해주는 듯,

이 곳에서는 나쁜 일 같은 건 일어날 수 없는 일이라는 듯, 그 밤공기도, 거리도, 무엇보다 그 거리에 있던 사람들 모두가 아름다웠다.

홀연히 나타나고, 더 홀연히 사라지는 것들
소란한 건 오직 내 마음뿐인 그런 것들

숙소에 돌아오니 지은이에게 메시지가 왔다.
나도 잊어버리고 있었던 조토의 종탑 표 값을 보내주며
수줍게 인스타그램의 아이디를 공유했다.

피렌체에서 만난 행운같던 지은.
나보다 먼저 이탈리아 여행을 했던 지인들의 이야기를 들으면
강렬하고 아름다운 러브스토리 하나쯤 있던데..
나도 그런 설렘과 기대가 없었던 건 아니지만,
그 어떤 러브스토리보다 지은이를 만난 게 더 행운이라 느껴질 정도였다.

1day Best Food	발사믹스테이크&딸기와인
1day Best Place	조토의 종탑
1day Thanks Point	피렌체 친구 지은을 만난 일

To. 피렌체에서 만난 행운, 지은

넌 아마 상상도 못했을 거야.
그 험난한 하루와 여정 속에서
너에게 얻은 생기와 에너지가 얼마나 컸는지.

여행 다녀와서 연락 한 번 해보고 싶었지만,
한 번 쎄~게 여행을 하고 오면 다시 쉽게 돌아가지 못한 그 여행지처럼
여행에서 만난 인연은 추억속에 아련함으로 간직해야 할 것 같은
뭐 그런 게 있잖아. 그리고 괜히.. 촌스러운 언니 같을까봐..

그때 너의 남은 여행들은 무사히 잘 마쳤는지,
혼자 노천카페에서 여유를 즐기고 싶다는 것도 잘 해냈는지 궁금하구나.

SNS에서라도 가끔 어떻게 지내는지 들여다보고 싶고,
그렇게 좋아하던 크로스핏은 여전히 적성에 맞는지,
남자친구랑은 잘 지내는지 훔쳐보고 싶기도 했는데
소식이 별로 올라오지 않더라구.

누군가를 줄곧 그리워하는 여행이었지만,
결국 누구에게도 설레지 않은 여행이었지만,
어떤 설렘과 사랑의 대상을 만난 것보다
지은이를 만날 수 있었던 게 더 큰 행운이었다고 생각해.

나도 대학생 때는 저렇게 해맑고 밝게 웃었을까?

나도 저렇게 내가 원하는 걸 하기 위해 몸과 마음을 열심히 사용했을까?
나도 저렇게 세상이 나를 바라보는 눈이 아닌,
내가 세상을 바라보는 눈을 갖고 있었을까?

이런저런 여러 가지 생각을 그 반나절동안 했던 것 같아.
네가 웃는 미소와 너의 생각과
세상을 바라보는 눈이 참 예뻤어 지은아!
또 아름다운 어떤 곳에서 함께 만나면 좋겠다.
이 책이 나오면 연락할게!

✓ 호텔 체크아웃
✓ 짐 맡겨두고 광장시장 돌기
✓ 두우모와 작별
✓ 피렌체 피사 공항 -> 시칠리아 팔레르모 공항 IN

체크아웃을 하고 호텔밖을 나서자마자 광장 시장 한 바퀴를 혼자 돌기 시작했다. 실내라서 내가 기대했던 전통시장 느낌은 아니었지만 꽤 재밌었다.

나는 시장에서만 느낄 수 있는 기운과 분위기를 좋아한다. 볼거리, 먹거리가 도처에 가득한 건 기본이고 신선하고 좋은 물건들을 원하는 양만큼 값싸게 쟁취할 수 있다는 설렘, (진짜 저렴한 지는 중요하지 않음) 그리고 열심히 물건을 파는 상인들과 스쳐가는 사람들에게 느껴지는 특유의 역동감이 좋은 거다.

명성이 자자한 피렌체 가죽시장에 온 기념으로 아빠와 동생의 벨트를 사야겠다 마음먹었다. 나보다 더 한국말을 잘하며 한국인들을 호갱하는 상인들 구경하는 재미도 쏠쏠하다. "예뻐요." "싸게 해줄께!" "아가씨~" "블랙핑크 제니~~" 재밌게 흥정하며 마음에 드는 벨트 두 개를 샀다.

원래 오늘 점심은 시장에서 사먹으려고 했지만, 뭔가 번거로웠다. 아침부터 날이 더워서인지 무거운 메뉴보다는 간단하고 상큼한 게 먹고 싶어서 과일을 집어 담았다. 그리고 시장에서 빠져나와 계단 한 켠에 자리를 잡고 납작복숭아와 체리를 먹기 시작했다.

이런 게 낭만이지~ 했지만 호시탐탐 내 과일을 노리는 비둘기들 때문에 3분도 채 안 돼 일어나야 했다. (사실상 도망쳤다) 다시는 너희에게 호락호락하게 당하지 않겠다..

다시 거리를 구경하며 걷고 있는데, 어떤 잘생긴 남자가 조심스레 말을 걸어왔다. '나도 이탈리아에서 헌팅의 기회를 맞이한 건가?' 당연히 아니었다. 친구로 보이는 아시안 남자 2명이었고, 사진을 찍어달라는 부탁이었다. 나는 열과 성을 다해 찍어 드렸다. 이렇게라도 말을 걸어준 그들에게 사진실력과 감각으로 보답하고 싶었다.

피렌체에서의 마지막은 크나큰 감동과 자극을 주었던 두우모와 충분한 작별을 하고 싶었다. 두우모 전경이 보이는 노천카페에 자리를 잡았고, 카푸치노도 한 잔 마셨다. 밀린 일기도 쓰며 피렌체 시내를 여유롭게 두리번거렸던.. 꽤 괜찮았던 두 시간이었 다.

아침 일찍 호텔을 나선 동행자는 우피치 미술관 투어를 다녀왔다.
미술을 전공해서 베니스에서도 혼자 전시를 보러 다녀왔던 친구.
나도 전시 보는 걸 꽤나 좋아하는 편이라 같이 갈까 고민하다 시장에 갔지만, 우피치 투어를 너무 만족해하던 동행자를 보니 살짝 후회도 됐다. 어떤 도슨트 못지않게 그림의 포인트와 스토리를 재밌게 설명해주던 동행자의 목소리가 굉장히 귀여우면서도 매력적이었다.

"이탈리아에 사는 게 꿈이라면서! 나중에 가이드 해봐요.
설명해주는 거 듣는데 엄청 재능있어! 귀에 쏙쏙 들어와!" 내가 이렇게 말했을 정도.

〈비너스의 탄생〉부터 〈메두사〉, 그리고 술의 신 〈바쿠스〉의 그림까지
유명하고 흥미로운 그림들이 많다는 우피치미술관!
동행자의 시선으로 찍은 우피치 전시 몇 장으로 아쉬움을 달랬다.

우리에게 오늘 점심 메뉴 선택은 진지하고 중요했다. 비행 전, 피렌체에서의 마지막 식사였기 때문이다. 앞으로 6일동안 머무를 시칠리아 섬에서는 왠지 한식당을 보기 힘들 것 같다는 추측을 했고, 드디어 이탈리아에서 첫 한 식을 먹기로 결정했다! 숙소를 오고 가며 유난히 눈에 띄던 '강남식당' 간판. 누가 봐도 한식집이었고, 찾아보니 연예인들도 많이 다녀 간 맛집이래서 입장했다.

식당 안은 여행객들로 북적였고, 테이블이 거의 만석이었다. 외국인들도 꽤 많았지만 익숙한 향수가 느껴졌다. 먹기 전부터 평화를 느끼게 해주는 이 고향 냄새를 맡으며 우리는 돌솥비빔밥 & 순두부찌개 & 불고기김밥을 주문했다. (2인3메뉴) 그리고 음식들이 나오자마자 와우!!!! 절로 탄성을 질렀다. 이게 얼마만에 탄수화물이냔 말이다. 우리가 먹은 메뉴들의 맛도 다 괜찮았다. 밥도, 찌개도 좋았지만 김치와 한국 밑반찬들에 대한 감동이 더 컸다. 피렌체에서 한식당을 가고 싶다면 추천할만한 식당이다.

후식 젤라또를 먹으러 향했다. 아주 유명한 젤라또집이라고 해서 찾아갔는데, 고심 끝에 고른 젤라또를 들고 매장을 나오자마자 뙤약볕에 주루룩 주르륵 신세가 됐다. 그래도 피렌체에서 마지막으로 사진 한 장 찍고 가자! 마치 늘 걷는 거리인 것처럼.. 젤라또에 아무 문제 없는 것처럼..

때로는 내가 받은 상처와 부당함보다
내가 준 미움과 주지 못한 호혜때문에 가슴치는 날이 있다.
세상을 등질 듯이 떠나와서
나를 등지게 한 것들을 후회하다니
참 어려운 감정이다.

돌아가면
한 발 늦은 이 미안함과 고마움들을
몇 발 더 늦기 전에 전해야 겠다고 내내 생각했다.

그렇게 내가 할 수 있는 모든 사랑을 꺼내어보고 싶었던
사랑의 도시, 피렌체였다.

기차를 타고 피렌체 피사공항으로 갔다. 정말 이 짐들을 끌고 여행하기란 쉬운 일이 아니라는 걸 다시 한 번 체감하면서 말이다.

기차에서 내려 공항까지 가는 길지 않은 거리에 작은 트램 하나를 탔는데, 경치가 정말 그림 같았다. 확 트인 통유리창에 사람하나 없는 자연을 보면서 답답하고 정신없던 기차역에서의 스트레스가 한 번에 가시는 기분이었다. 유럽에서 트램은 흔하게 탈 수 있는 대중교통이지만, 내가 타 본 트램 중 가장 작지만 가장 깨끗하고 좋은 뷰의 트램이었다.

공항에 도착하니 트램에서 머물렀던 잠깐의 평화가 더 소중하게 느껴졌다. 피사공항은 매우 작고 협소한데 사람은 터질 듯이 많았다. 그에 반해 시스템이나 동선 및 서비스 등 모든 것들이 열악했다. 2000년대에 머물러 있는 듯 한 모습이랄까 정말이지.. 대한민국 공항들 만세!

사실 우리가 시칠리아를 오기 직전까지 큰 걱정거리가 하나 있었다. 며칠 전 시칠리아에서 큰 화산 폭발이 있었기 때문이다. 그 여파로 대부분의 비행기가 전면 결항됐다는 기사를 보고 마음을 졸였는데.. 다행히 우리의 비행기는 뜨게 됐다! 비행기 창문으로도 화산 폭발 지역이 꽤 크게 보였다. 아직도 활활 타오르는 것 같은 활화산.. 이 화산을 가까이서 보기 위해 인근 화산 투어도 인기라고 한다.

도시에서 도시를 이동할 때마다 거의 비행기를 타면서 터득한 게 있다. 기내가 매우 소란스럽다는 것이다. 큰 소리로 떠들고 소리치는 아이들, 그 아이들에게 이어폰 없이 게임기나 패드 영상을 보여주는 어른들까지.. 이탈리아의 공공장소 문화에 대해 알아봐야겠다는 생각이 들 정도였다. 만약 이들이 도서관에서의 소음 수준인 우리나라의 기내 풍경을 보면 나처럼 놀라게 될까? 문득 궁금해졌다. 온갖 시끄러움에 예민해져서 나도 모르게 인상을 팍 쓰게 됐는데, 뜻밖의 장면 하나에 스르르 기분이 풀렸다.

'무서워하지마, 아빠가 있잖아' 라는 듯..

ti amo

티아모 (사랑해)

salute

쌀루떼 (건배)

Sicilia

죽기 전에 꼭 가봐야 할, 죽어서도 꼭 가봐야 할, 살아있을 땐 또 가봐야 할,
사랑하는 사람과도 무조건 가봐야 할 지중해 최대의 섬

그렇게 이탈리아에서만 세 번째 비행기를 타고, 늦은 밤 시칠리아에 도착했다. 6박7일에 500유로라는 어마어마한 렌트 비용을 지불하고 공항 렌트에도 플렉스 해버렸다. 신형/오토매틱/5도어/풀보험 조건에 이 정도면 나쁘지 않다! 위안삼았다.. 렌트업체와 커뮤니케이션이 원활하지 않아서 더 꼼꼼하게 체크해야 할 부분들을 놓친게 많지만, 어쨌든 시동은 걸린다! 출발! 이럴 때 보면 나는 참 겁이 없고, 겁이 없고, 겁이 없다.. 하지만 뭐 어때! 나이스~ 가는 거야!!

시칠리아에서 렌트할 것을 대비해 국제면허증도 챙겼고, 괜찮은 네비게이션 어플도 미리 다운받아뒀다. 'WAZE(웨이즈)' 라는 어플인데, 웬만한 ZTL 구간(렌트 차량 통행이 통제되는 구간)을 알아서 피해주는 기능이 있다고 해서 초이스했다. ZTL 구간에 잘못 주차하거나 룰을 안 지켰다간 여행을 마친 후 과태료 고지서 폭탄이 날아온다고 한다. 나는 평소에도 운전 습관이 산만하고 속도 위반도 종종 하는 편인데,

어플 덕분인지 과태료 고지서는 다행히 1건도 받지 않았다.

공항에서 30분 정도 달려 도착한 호텔은 지금까지 숙소와는 비교도 안 되게 럭셔리했다. 동행자가 찾은 호텔이었는데 사이트에서 본 사진들보다 외관, 규모, 컨디션 모든 게 기대 이상이었다. 프리이빗 비치까지 있는 호텔! 빨리 날이 밝아서 제대로 마끽하고 싶게 하는 밤의 전경이었다.

자기 전, 호텔 비치바에 물을 사러 갔을 때 만난 매우 친절하셨던 직원분이 기억에 남는다. 사실 시칠리아에 도착한 후부터는 아시안을 거의 볼 수 없었고, 유일한 아시안인 우리는 하루종일 낯설고 불편한 눈초리를 받아왔다. 이 곳에 와서 처음으로 반겨주는 사람을 만난 기쁨, 직원분의 다정한 말투와 눈빛에 온 몸과 마음이 녹았다. 하마터면 사랑에 빠질뻔..

생각해보면 오늘도 아주 많은 일을 했다. 장거리의 잦은 이동을 거듭했고, 이 관문을 통과하면 또 다른 관문의 연속이었다. 하지만 결국 이 낯선 섬에 무사히 도착해있음은 감사할 일 아닌가. 룸 컨디션과 위생 상태가 최고인 이 호텔에 있다는 게 믿기지 않을 따름. 이 넓고 포근한 침대에는 어울리지 않은 상처투성이인 다리를 올려두고 피로를 풀었다. 이 침대 위에 잠이 들 수 있으니... 그라찌에!

1day Best Food	며칠만에 먹은 한식
1day Best Place	두우모를 볼 수 있던 카페
1day Thanks Point	사랑해요 파파고.. ♥

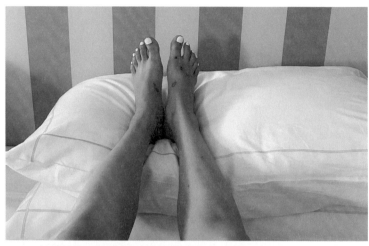

푹 자고 일어나 조식 데드라인 30분을 남겨두고 정신없이 식당으로 갔다. 조식보다 더 맛있는 건 바로 뷰였다. 구름 한 점 없이 맑은 하늘과 시원한 바다가 마치 하나 같았다. 바다 보면서 여유롭게 아침을 먹는 사람들, 우리를 신기해하며 쳐다보고 또 밝게 웃어주는 외국인들 속에서 야무지게 조식 몇 접시를 먹었다. 호텔이 재밌는 건 조식을 먹으면서도 참 다양한 패션, 각각의 라이프 스타일, 분위기 등이 보인다는 거다. 흰 셔츠에 레깅스, 선글라그 하나만 써도 미란다커커나 지젤 번천 안 부러울 언니들이 아주 많았다.

조식을 먹은 후엔 나와서 어젯밤 제대로 보지 못한 호텔 안팎을 둘러보며 걸었다. 바다 바로 앞 4성급 호텔, 거기다 프라이빗 비치가 따로 있다니.. 시내와의 접근성은 다소 떨어져있지만 공항 무료 셔틀버스 운행이 된다고 한다. 무엇보다 우리의 체감상 가격에 비해 무척 호화로운 호텔이었다. 바다가 꽤 깊어 다이빙존이 따로 있었고, 해안가 산책로가 좋아서 호캉스하기에 제격인 듯 했다. 참고로 시칠리아에서는 괜찮은 숙소들을 이탈리아 다른 관광 도시들보다는 훨씬 저렴하게 잡을 수 있다.

다시 룸에 들어와 띵까띵까 늑장을 부리며 타오르미나에 가서 뭘 할지 정해보았다. 시칠리아는 분명 섬이지만, 크기에서부터 그냥 섬이 아니었다. 이 섬에 사는 주민만 5백만 명이 넘고, 우리나라의 4분의 1 정도의 면적인 정도니까 작은 나라라고도 할 수 있는 섬인 셈이다. 여행 후기들을 찾아보면 시칠리아를 일주일동안 돌아봐도 시간이 부족하다고 했다. 때문에 우리는 6일동안 시칠리아의 동쪽을 여행할지 서쪽을 여행할지부터 정하는 게 우선이었다.

시칠리아를 여행할 때 크게는 타오르미나와 카타니아가 있는 동쪽, 그리고 팔레르모나가 있는 서쪽으로 구분하는 듯 했고, 우리는 동쪽 루트로 결정했다. 우리의 환심을 샀던 시칠리아 관광과 휴양의 주 포인트들이 동쪽에 몰려있었기 때문이다.

✓ Baia Taormina Hotels & Spa (바이아 타오르미나 호텔 & 스파) / 4성급
Via Nazionale, Marina d'Agro, Italia.

그리고 건축적인 역사나 문화적으로 의미있는 곳들도 동쪽에 많았다. 1693년의 대지진이 일어나면서 시칠리아의 동쪽의 도시들이 대거 파괴됐고, 당대의 유명 건축가들이 새로운 도시계획안으로 시칠리아를 재건했다고 한다. 그 후 이스트 시칠리아는 '시칠리아 바로크 스타일'이라고 불린다고. 카타니아(Catania), 타오르미나(Taormina), 라구사(Ragusa), 노토(Noto), 모디카(Modica), 시클리(Scicli), 칼타지로네(Caltagirone) 등 대부분의 도시들이 그 영향을 받아 재건된 것이다. 이 바로크 타운들은 대부분 유네스코 문화유산으로 지정되어 있기도 할 만큼 그 특유의 화려하고 그로테스크한 건축양식이 시칠리아 관광을 주도하고 있다.

우리가 가장 가보고 싶었던 곳은 '타오르미나'다. 3시간의 비행을 감내하며 시칠리아행을 결정하게 했던 가장 결정적인 도시. 너무 아름다워 전 유럽 여행자들이 여름이면 찾는다는 곳이다.

타오르미나에 도착하기까지 초행길을 거의 한 시간동안 운전했지만 하나도 힘들지 않았다. 오히려 내가 직접 운전하는 게 이렇게나 편한 일이었다니 새삼 느꼈다. 운전하는 행위 자체가 이곳에서는 또 하나의 여행이었다. 길은 또 왜 이렇게 예쁜 건지.. 내가 지금까지 했던 건 드라이브가 아니었나보다. 그야말로 세상에서 제일 아름다운 드라이브 코스였다. 덕분에 멈추고 싶은 곳이 있으면 주저없이 멈췄고, 재촉하지 않아도 되는 게으른 여행을 할 수 있어 좋았다. (하지만 도로는 무법천지다. 차선을 무시하고 막 가로지르는 차들, 깜빡이도 없이 끼어드는 게 버릇인 오늘만 살 것 같은 운전자들이 난무하다.)

일단 브리오슈와 그라니따가 엄청 유명하다는 Bam Bar를 찾아갔는데, 뭔가 잘못됐음을 인지했을 때는 이미 늦었다. 관광객들로 가득찬 비좁은 시내 한복판을 비집고 우리 차가 진입한 것이다. 우리는 순식간에 이 구역 최악의 민폐가 됐다. 등과 겨드랑이, 이마까지 땀이 맺히고 공황장애가 올 것만 같던 그 때.. 이 광경을 지켜보던 어

느 백발 아저씨가 구세주처럼 다가와 주차 구역을 알려주셨다. 아주 장황한 설명을 해주셨는데, 반은 알아먹고 반은 못 알아먹었다.. 그래도 무사히 시내 한복판을 빠져나와 겨우겨우 파킹에 성공! 이번 여행에서 역대급 고난과 역경의 10분이었다. (타오르미나에 차를 가지고 온다면 꼭 시내 진입하기 전 주차할 것을 당부하고 싶다.)

우리는 주차때문에 놀란 가슴을 진정시키느라 한 동안 서로 아무 말이 없었다. 그렇게 터덜터덜 다시 시내로 걸어가는 길.. 우리의 숨통을 트여주듯 탁 트인 바닷길이 펼쳐졌다. 이 길을 모르고 지나쳤다면 얼마나 억울했을까?

우리의 목적지인 카페 Bam bar는 워낙 유명한 곳이니만큼 이 동네에서 거의 유일하게 웨이팅이 있었다. 기다리는 동안 혼자 동네 한 바퀴를 돌아봤는데, 아기자기하고 예쁜 상점들이 즐비해있었고, 파란 하늘 아래 이 마을 모든 것들이 눈을 뗄 수 없게 했다.

불과 몇 분 전에는 바닷길을 걸어왔는데, 지금은 알록달록 예쁜 이 골목길을 걷고 있다. 소소한 상점들 쇼핑, 골목 투어를 좋아하는 여행자라면 타오르미나에 반드시 와야 할 것이다.

자꾸 눈길이 가던 핸드메이드 가죽 매장에 들어갔고, 선물하고 싶은 가죽 지갑들 몇 개가 눈에 들어왔다. 이 곳은 이탈리아 안의 시칠리아라는 섬, 또 그 섬 안에 있는 도시 타오르미나에만 있는 하나뿐인 매장이라고 한다. 선물을 사야겠다 마음먹은 이유다. 이곳에서만 존재하는 정성으로 만들어진 이 특별한 것들을 보니 내가 아끼는 사람들이 한 명 한 명 떠올랐다.

하지만 아빠 선물로는 이 양말을 골랐다..

웨이팅이 끝나고 입장한 Bambar의 그라니따는 지금 와서 생각해도 이탈리아에서 먹은 모든 디저트&음료를 통틀어 최고였다! 브리오슈는 조금 퍽퍽한 게 기대했던 질감의 빵은 아니었지만, 그라니따와의 조합은 좋았다. 비주얼도 좋아서 왜들 그렇게 기다리면서까지 먹는지 실감했다. 나도 내 카페를 오픈하고 싶은 때였기에 더 열심히 음미해보았다. 슬러시보다는 꾸덕하면서 상큼하고, 무엇보다 크림이 느끼하지 않아서 좋았다. 신선한 과일과의 조합도 굿! 내가 먹은 딸기&멜론 조합을 강력 추천한다. 커피도 좋지만 덥고 힘든 여행에서 신선한 과일 음료 한 잔을 마시는 건 가벼운 기분 전환이 되는 것 같다.

√ Bam bar (밤 바)
Via di Giovanni, 45, 98039 Taormina ME, Italia (휴무일 많음)

한바탕 정신없이 먹고 나서는 우리가 가장 가고싶어 했던 〈타오르미나 그리스 극장〉을 향해 다시 움직였다. 걸어서 10분도 안 돼 도착하는 길에 우리는 족히 두 시간은 머물렀다. 도처에 널린 예쁜 것들에 사로잡혀 아이쇼핑에 푹 빠져버린 거다.

시칠리아에 왜 이렇게 레몬, 레몬, 레몬이 많을까? 단순하고 당연한 호기심이 생겨 찾아봤다. 레몬의 원산지는 원래 인도 히말라야 지역이라는데, 9세기에 이슬람 제국이 이탈리아 시칠리아 섬을 정복하면서 시칠리아에 레몬이 반입되어 재배하기 시작하면서 레몬의 주요 산지가 됐다고 한다.

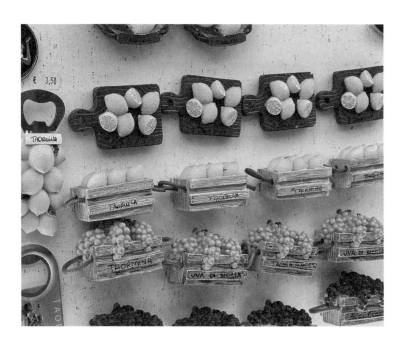

고대 그리스인들이 만들어낸 도시 타오르미나. 그 중심에는 유럽에서 가장 높고 세계적으로 가장 활발한 화산인 에트나 화산의 전경을 볼 수 있는 원형극장이 있다. 가장 기대했던 우리의 목적지가 바로 이 곳이다. 예쁜 풍경들을 끼고 있는 오르막길을 쭉 따라 오른 극장은 실로 입이 떡 벌어질만큼 광활했다.

놀랍게도 이곳에서는 지금도 여러 공연이 열린다고 한다. 6월 중순에는 영화제가, 7월 중순부터 9월 사이에는 오페라 페스티벌이 정기적으로 개최되고 있다. 그랜드 피아노 한 대만 있어도, 스탠드 마이크 한 대만 있어도 세상에서 제일 근사한 무대가 되겠구나 확신했다.

역사적인 원형극장도 멋있었지만, 이 곳에서 바라본 경치가 이루 말할 수 없이 감동적이었다. 해변과 오래된 건물들, 그리고 한국에서는 보기 드문 화사하고 쨍한 꽃들이 높고 높은 이 산 꼭대기에 만개해있었다.

타오르미나는 아오니아 해안의 가파른 산자락에 자리잡은 휴양 도시다. 잦은 전쟁으로 바다에서 250미터나 떨어진 절벽 위에 도시를 형성했다고. 전쟁을 피해 살아남기 위해 위태로운 곳에 둥지를 틀게 된 아픈 스토리가 이렇게 예쁜 동화마을이 될 수 있었다는 게 놀라울 따름이다. 그늘 하나 없는 뙤약볕인 이 곳을 되도록 오래오래 돌아볼 수밖에 없었던 이유다.

극장 꼭대기에는 작은 건물이 하나 있었는데, 서점과 기념품샵, 박물관의 기능을 다 하는 듯 했다. 내가 지금껏 가본 서점 중 가장 높은 곳에 있는 이 곳이 꽤 흥미로웠다. 사람들이 쉴 세 없이 들어와도 눈길 한 번 주지 않고 독서에만 빠져있던 여자 사서분이 몹시 부럽게 느껴졌다. (한 때 내 꿈이 사서였는데.. 이 아름다운 섬 꼭대기 도서관의 사서라니! 잠깐의 대리만족을 했다.)

236   Sicilia

작품들도 꽤 있었고, 작품명이나 스토리가 궁금할 때는 여지없이 파파고를 꺼냈다. 하지만 작품 설명에서만큼은 한 번도 백퍼센트 완벽한 번역을 해준 적은 없었다..

극장을 내려와 차로 다시 돌아가는 길의 타오르미나는 또 다른 분위기가 느껴졌다. 아마도 주시가지인 듯 했다. 정말이지 이 도시는 모든 길목, 장면 하나하나가 발길을 놓아주지 않았다. 생각해보니 치안 걱정도 잊은 지 오래였다. 내 식대로 타오르미나의 또 다른 이름을 붙인다면 '이너피스'라고 부르고 싶다. 사랑과 평화, 젊음과 낭만, 생기와 행복, 음식과 디저트, 휴양과 관광 모든 것들이 요목조목 예쁘게 채워진 곳이다.

걷는 건 이만하면 됐고 어디 가만히 앉아 사람 구경좀 하고싶다 싶을 때, 때마침 키치한 펍 한 곳이 확 눈에 들어왔다. 그리고 우리는 화이트 와인 한 잔씩을 시켰다. 무심한 듯 기본안주로 내어주신 감자칩은 저 세상 감자칩 맛이었고, 지나가는 사람들 보는 게 행복해 여유를 즐겼다.

가끔 무심코 거울에 비친 내 얼굴을 보거나,
우연히 찍힌 내 사진을 볼 때 어둡고 무거운 표정에
내려앉은 눈꼬리, 입꼬리가 참 그렇게도 꼴보기 싫을 수 없었다.

그래서 언제부턴가 사진을 찍으면
잇몸이 다 보일 정도로 크게 웃거나,
윙크를 하는 등 과한 포즈를 취하는 버릇이 생겼다.
이런 내 사진을 본 주변 사람들은
참 잘 웃는다고, 웃는 게 예쁘다고 말해주곤 한다.

진짜 내가 갖고 있는 못생긴 표정, 우울감을 그렇게라도
부정하고 싶은 순간인데 말이다.

Bar에 앉아 지나가는 사람들을 보고 있자니,
아 정말 웃고 싶어서 웃는 건 저런 표정이구나 싶은 거다.
사랑과 행복이 충만하다는 듯한 표정들 말이다.

이번 여행에서도 대부분의 사진 속에 나는 활짝 웃고 있다.
그 웃음을 짓기 전 나만 아는 내 진짜 표정을
언제쯤 자신있게 찍어볼 수 있을까.

울상인 나는 웃상의 사진으로 남아있다.

타오르미나에서 본 사람들은 대부분 우리와 같은 관광객이었고, 역시 아시안을 찾기는 정말 힘들었다. 동네마다 분위기가 다른데, 뭔가 돈 많고 여유로운 유럽사람들이 돈 쓰면서 쉬러 온 느낌이랄까? 아무튼 그런 부자 동네의 휴양지 느낌이 물씬 났다. 내로라하는 명품 매장들이 즐비해있는 걸 보니 신혼여행지로 이만한 곳이 없겠다 싶었다. 이 섬과 이 도시의 색깔이 입혀진 쇼룸들을 보는 것도 눈이 황홀해지는 좋은 경험이었다.

광장을 나오면 시계탑 앞은 사람들이 꽉 차 있다. 아마도 바다로 지는 해를 보며 저녁을 먹으려는 관광객들이 많은 듯 했다. 그리고 그 옆은 예쁜 대성당이 자리잡고 있는데, 마치 이 곳의 중심 역할을 해주는 듯 했다. 유럽 여행이 좋은 건, 어느 도시를 가든 잠깐 쉬어갈 수 있는 성당이 있다는 것이다. 밖에서 보는 것보다 안에서의 자태가 더 아름다웠던 이 성당에서 오늘 타오르미나에서 느꼈던 설레고 행복했던 것들에 대해 감사를 빌었다.

늦어도 해지기 전에는 카타니아로 돌아가는 차에 올라타야 했다. 딱 반나절만 더, 딱 하루만 더 머물고 싶게 하는 아쉬움이 밀려왔다. 티없이 맑았던 날씨, 예쁜 길을 만끽하고 해가 저무는 타오르미나를 뒤로 하며 생각했다.

'내가 겪은 모든 수고로움과 역경들을 다시 겪는다 해도 이 곳은 사랑하는 사람과 손잡고 꼭 다시 와야지'

그리고 나는 신혼여행 추천지로 이탈리아의 시칠리아를 목놓아 외치고 있다.

246   Sicilia

카타니아에 밤이 되어 도착했다. 시내에는 저녁을 먹는 사람들로 제법 시끌벅적 했다. 우리의 저녁 식사 장소는 이 구역에서 가장 유명하다는 아란치니 맛집!

시금치 아란치니 & 라구아란치니가 유명해서 시켰는데 내 입맛에는 영 별로여서 많이 먹진 못했다. 그래도 동행자가 맛있게 잘 먹는 걸 보니 엄마미소가 절로 지어졌다. 비주얼도 먹음직스럽게 좋아서 왜 많이들 좋아하는지 알 것 같았다. 같이 곁들여마신 내 생의 첫 '레몬첼로'는 상큼과는 아주 거리가 멀 만큼 독하고 썼다..

이틀 동안 있어보니 확실히 시칠리아는 일교차가 컸다. 아무래도 섬이니까 당연하겠지? 해가 지니 또 기침이 시작됐고 으슬으슬 추웠다. 목이 아프고 기침이 날 때는 물만한 게 없었다. 무조건 물을 사서 숙소로 돌아가야겠다는 생각에 열심히 돌아다녔지만, 물을 파는 곳이 어디에도 없었다. 밤 10시도 안 된 시간이었는데 말이다. 다시 아란치니를 먹었던 식당에 가서 여쭤보니 "시간이 몇 신데 마켓을 찾냐"고 반문하시는 절망적인 답변만 돌아왔다. (시칠리아에서는 밤이 되기 전에 물은 미리미리 충분히 사둘 것!)

여행에 온 후 매일 그야말로 '물' 노이로제에 걸린 것 같다. 하루 세 번 약을 먹어야 했고, 건조한 방에서 기침 때문에 뜨거운 물도 수시로 마셔야 하는 나로서는 여간 성가시는 일이 아닐 수 없었다. 대한민국의 24시 편의점, 정수기는 짱이다 정말!! 결국 어제처럼 호텔 비치바에서 비싼 물을 사야했다. 어제의 직원분은 나를 기억해주시고 또 한 번 반겨주셨고, "See you tommorrow"도 해주셨다. (우린 내일 떠나요... Bye bye)

1day Best Food	Bam bar의 그라니따
1day Best Place	타오르미나 드라이브 코스
1day Thanks Point	주차 멘붕에 정신차리게 해준 외국인 아저씨

과도하게 몰두한 것들로부터
산산조각난 관계들로부터
훼손된 마음들로부터

나의 시선과 걸음만으로
도망칠 수 있었던
절벽 위 도시, 타오르미나

오늘 일정은 우리가 2박을 묵고 있는 카타니아 둘러보기다!
호텔에서 조금 떨어진 시내에 나가니 생각보다 많은 인파가 몰려있었다.
운 좋게 마침 장이 열리고 있었고, 아침부터 활기가 느껴지는 시내 풍경이었다.

"살 거야 말 거야?"

"산다구?"

적당한 곳에 주차를 하려는데, 주차 티케팅이 너~무 어려웠다. 여차저차 이 사람 저 사람을 붙잡고 도움을 요청했는데, 모두 우리와 같이 어리버리한 관광객들뿐이었다. 결국 도와주신 분은 인근 공사장에서 일하시는 직원분이셨다. 일하시다 나와 땀을 뻘뻘 흘리며 환하게 웃어주시던 아저씨. 영어도 나만큼 서투셨지만 한없이 친절하게 알려주시던 젠틀맨!

그런데 갑자기 같이 사진찍자구요? 그것도 제 핸드폰에?... 물론 기쁘게 찍어드렸다. "덕분에 추억 한 스푼이 더 남았네요. 상냥하고 유쾌했던 아저씨, 언제 어디서든 건강하세요"

걷다보니 엄청난 텐션의 어시장에 다다랐다. 100미터 주변까지 들썩이게 하던 이 곳. 빨간 유니폼을 맞춰 입고 활기차게 생선을 손질하던 젊은 직원들의 모습에 절로 흥이 났다. 노래를 흥얼거리며 엉덩이 춤을 추던 그 바운스도 잊지 못한다. (뭐가 제일 맛있냐고 물어보니 다 맛있다는 대답은 국룰, 아니 세계 룰인가보다^^)

연어구이, 굴, 문어 3접시를 초이스해 먹었다. 기대 이상으로 신선하고 맛있어서 정말 빠른 속도로 먹어치웠다. 화이트와인과의 조화는 말 해 무엇하겠나..

맛있었다고 한껏 리액션을 해드렸더니, 직원분은 같이 사진을 찍자고 포즈를 취하시며 화답해주셨다. 팬서비스가 뛰어난 유쾌한 카타니아 사람들.. 내 마음속에 저-장! 맛도 맛이지만, 이 여행에서 가장 낭만적인 순간을 남겨준 나만의 순간이 이 곳에 있었다.

자리를 잡고 앉아 맛있게 화이트와인 한 잔씩을 곁들여 마시던 그때, 버려진 쓰레기 봉다리 옆 낡은 스피커에서 노래가 흘러나왔다. 띵 하고 머리가 멍해질 만큼 멋진 음악이었다. 노래를 듣자마자 아침 댓바람부터 갑자기 눈물이 맺힌 이유를.. 지금 생각해도 모르겠다. 알 수 없는 감정들이 휘몰아쳤고, 시끄러운 시장 소리와 생선 비릿내가 섞인 곳에서도 너무 잘 어울렸던 근사한 노래 한 곡이 마냥 좋았던 것 같다. 무슨 노래인지 멜론은 끝끝내 알려주지 않았지만, 다시 이 사진만 봐도 그 노래가 들리는 기분이다.

카타니아 시내를 계속 걷다가 두우모와 성당 쪽을 돌아봤다. 1693년 이후 새로 지어진 건물들이 많은 카타니아는 어딘지 모르게 제법 현대적인 느낌이 나는 도시다. 그 분위기 속에 있는 성당들이 유난히 성스러운 신전처럼 느껴지기도 하는데, 숱하게 일어난 지진을 견뎌내고 지금까지 남아있는 바로크 양식의 건축물들이라고 한다.

그리고 나는 성당만 보면 엄마가 생각나 꼭 잠깐이라도 들어가보게 되는 것 같다. 매일 밤 마지막 일과를 글 쓰고, 기도드리는 걸로 끝내는 우리 엄마. 지금도 멀리 와 있는 나를 위해 기도하고 계시겠지?

정오도 안 된 시간이었지만 성당 관람 시간이 이미 끝났다고 해서 조금 당황스러웠다. 아쉬운데로 엄마에게 주고 싶은 작은 액자를 하나 잽싸게 사서 나왔다.

광장을 마저 둘러본 뒤, 노천 카페에 앉아 피스타치오 까눌레와 브라니슈&그라니따를 시켰다. 어제 Bambar에서 먹은 그 맛을 떠올리면서 말이다. 그라니따는 비주얼도 맛도 달랐다. 같은 메뉴인데 이렇게 다양한 모양과 맛을 낼 수 있다니, 재밌는 경험이다.

시칠리아에서 빼놓을 수 없는 또 한 가지는 피스타치오다. 그래서 곳곳에는 레몬못지 않게 피스타치오의 식료품들이 즐비해 있다. 하지만 나는 피스타치오를 좋아하지 않았다. 흔히 민초파에 대한 호불호 테스트가 많은데, 극민초파인 나는 피스타치오는 불호다. 그런데 웬걸? 피스타치오.. 맛있네? 기분탓인가? 사실 맛만 보라던 동행자에게 완강하게 절레절레 했던 나다. 그런데 한 입 먹자마자 내 고유한 취향이 쉽게 바뀌었다는 걸 인정하고 싶지 않았다. 그래서 내가 정한 게 있다.. 바로 '피스타치오 효과'

피스타치오 효과
: 싫었는데 좋아지고, 좋아졌지만 여전히 싫은 척 하고 싶은 이상한 효과

아까 어시장에서 마신 와인 한 잔에 얼굴이 벌개져서는 활보했던 카타니아. 내 인생 중, 아침부터 와인에 취한 적이 있었던가. 나쁘지 않은 이 기분에 웃음이 났다. 삼십 분 후면 다시 운전대를 잡고 또 낯선 도시로 이동해야 했지만, 지금 이 순간만큼은 카타니아에 있는 어느 누구보다 나태해보였던 나다. 이곳에서 무사태평하게 축 늘어져있고, 그러다 또 깔깔거리고 웃던 내 모습이 마음에 든다.

카타니아는 그렇게 아침에 최상의 컨디션과 텐션을 만들어준 '활기찬 아침' 같은 도시였다.

이제 슬슬 다음 도시인 '시라쿠사'로 이동할 타이밍. 시라쿠사 가는 거의 모든 길은 국도였다. 통행료도 한 번 지불하지 않았고, 차도 많지 않아서 정말 조용하고 한적한 시골길을 가는 기분이었다.

한 시간즈음 달려서 시라쿠사의 새 숙소 도착! 동행자가 어제 열심히 에어비앤비로 찾은 숙소인데, 번화가가 아닌 위치라 사실 좀 걱정이 됐다. 어쨌든 우리는 여자이고, 특히 이 섬에서는 보기 드문 아시안이기에 뭐든 스스로 조심하는 것은 필수 여행 덕목이었다. 더군다나 주차를 잘 해둬도 창문을 부수고 차를 털어가는 차털이가 종종 있다는 후기를 본 이후는 더 경계심을 갖출 수밖에 없었다. 그런데 호스트를 보자마자 그런 걱정 시름은 다 잊고 보호자를 만난 듯 안도감마저 느껴졌다. 아주 장신의 호스트 프란체스코는 인상이 너무 선했고 그야말로 중년의 핸섬가이였다. 후훗. 영어는 우리보다 못 하는 듯 했지만 하나라도 더 알려주고 도움주시려는 배려심이 뛰어난 호스트였다. 그리고 우리에게 파파고가 있는 한 두려울 건 없었다. 70% 정도의 소통은 성공적. 무엇보다 호스트와 게스트가 서로를 마음에 들어하는 게 가장 중요한 것 아닌가? 프란체스코도 우리를 진심으로 반겨준다는 게 느껴졌다.

숙소가 1층이라서 더할나위 없이 만족! 동생이 건축가여서 직접 집을 디자인했다고 한다. 덕트가 크게 빠진 키친이 아주 느낌있는 복층 구조의 숙소였고, 침대부터 욕실, 화장실까지 층별로 따로 있어서 더없이 좋았다.

시칠리아행은 철저하게 동행자의 의지가 99.9%였다. 애초에 나는 반대 입장이었다. 섬이 워낙 크기도 했고, 왔다갔다 이동에 많은 비용과 시간을 소모해야 한다는 게 무리라고 생각했다. 대신 훨씬 효율적인 남부투어를 선택하면 어떠냐고 설득했지만.. 실패했다. 하지만 시칠리아에 발을 딛는 순간부터 시칠리아를 고집해준 동행자에게 무한한 고마움을 느끼고 있다. 그 마음은 오늘 온 이 곳 시라쿠사에서 훨씬 커졌다. 이 숙소를 선택해준 것에도 마찬가지였다.

호텔, 호스텔, 한인민박까지 경험한 후 이번엔 진짜 로컬 가정집에 머물게 된 것이 마음에 들었다. 사실 동행자가 이곳을 픽한 이유 중 가장 큰 이유는 바로 '요트투어'를 할 수 있다는 옵션이었다. 쌩뚱맞게 웬 요트? 라고 생각했지만 Free 투어를 안 할 이유는 없었다. 그리고 프렌체스코와 내일 일몰 타임에 요트투어를 약속했다. "씨 유 투모로우!"

동행자는 운전하느라 고생했다며 저녁을 만들어주겠다고 했다. 설레었다. 내가 외국에서 요리를 해먹은 경험이 있었던가? 더군다나 요리에 별 재주도 흥미도 없는 나로서는 로망 같은 일이었다. 빨리 짐 풀고 장 보러 가야지!

에어비앤비로 개인 숙소를 잡을 때는 체크해야 할 게 더 많다. 룸 컨디션이 일반적인 호텔과는 다른 경우가 많고, 구비되어 있는 것들도 숙소별로 천차만별이기 때문이다. 첫인상이 마음에 쏙 들었던 이 프란체스코의 집도 하나하나 살펴보면 불편한 게 몇 가지 있었다.

1. 세탁기가 아프다 (세탁 한 시간 후 탈수가 안 돼서 직접 손으로 비틀어 짜 말려야 했다)
2. 수건 인심이 박하다 (두 명이서 3박을 묵는데 수건이 3장밖에 없었던 건 당황스러웠다. 잘못 주셨나 싶어 요청하니 세탁해서 쓰거나 따로 구매해서 사용해야 한다는 답변에 더 놀랐다)
3. 고정된 레인샤워기만 장착되어 있고 샤워기 헤드가 없다 (씻는 시간은 두 배가 되고, 꽤 큰 불편함을 감수해야 했다)
4. 커피 머신기 작동이 안 된다 (이로써 내가 이용한 이탈리아의 모든 기계 작동은 안 되는 걸로..)

세탁기 이슈와 이것저것 문제들로 숙소에서 지체한 두 시간 동안, 우리의 배고픔과 예민함은 극에 달했다. 근처 마트를 찾아 장을 봤지만 거의 동네에 슈퍼마켓 수준이었고, 우리가 원하는 재료들을 구매하기는 힘들었다. 그래도 한국어 라벨인 메이드 인코리아 김치와 라면을 보고는 반가워 냉큼 집었다.

이게 얼마나 대단한 놀라움이냐 하면, 한국인은 커녕 아시안을 찾아보기 힘든 이 머나면 섬에, 그 섬 안에 있는 이 컨츄리한 도시에 한국 제품이 있다는 것! K-푸드의 위엄 아닌가! '국뽕'이 차오른 순간이다.

아직도 우리는 쫄쫄 굶고 있는 상황.. 힘이 쭉 빠졌다. 뭐든 먹으러 가보자는 심기일전을 다지고 밤길을 나섰다. 숙소 쪽은 식당 하나 보이지 않았지만 항구 쪽으로 좀 걸어가니 불 켜진 식당 몇 곳을 발견했다. 리디미컬한 음악이 흘러나왔고 식사중인 손님들도 꽤 있었다. BBQ와 연어 음식, 그리고 스프리츠와 와인을 시켰는데 에피타이져 수준의 양이었다. "배고파 죽겠는데 코딱지만큼 나오네!" 한 마디가 튀어나왔지만, 맛은 꽤 좋았다. 검색 하나 하지 않고 발길 닿는 데로 온 곳에서의 저녁 식사. 의도치않게 현지인 바이브를 즐기는 '찐' 로컬 여행 같았다. 밤바다 소리도 들려오고, 음악과 술에 취해 흥에 겨운 사람들 속에 껴서 우리도 분위기 전환이 됐다.

그렇게 만족스러운 늦은 저녁을 먹고 숙소로 돌아오는데.. 맙소사. 사람 하나 없는 거리에서 우리는 길을 잃어버렸다. 아무리 구글맵에 열중해도 찾을 수 없었던 우리의 '17'번지 숙소.. 이 길 저 길, 사방의 길은 죄다 똑같고 번지수만 다를뿐, 집들도 하나같이 쌍둥이가 따로 없었다. 조금만 이른 시간이었어도 선량하고 친절한 프란체스코에게 연락을 했을 것이다. 한참의 방황 끝에 겨우 찾은 우리의 숙소.. 끝날 때까지 끝난 게 아닌 시라쿠사의 첫날밤이었다. 숙소에 와서 씻고 나와 아까 슈퍼마켓에서 반갑게 집어 온 불닭볶음면을 끓였다. 내가 짜파게티 요리사! 귀여운 초록색 냄비에 실력 발휘를 했다. 피로회복제가 따로 없는 라면 한 봉지였다. (결국 운전 보상이라던 동행자의 요리는 먹지 못했다..)

ps. 내가 이 숙소를 좋아하게 된 가장 큰 이유는 마치 내가 매일 밤 일기 쓴다는 걸 알기라도 하듯, 너무 예쁜 책상과 의자가 있었기 때문이다. 씻고 나와 이 책상앞에서 일기장을 펼치는 기분이 내게 미치는 영향은 꽤 컸다. 내일은 꿀같은 늦잠을 자야지!!

1day Best Food	카타니아 어시장에서 먹은 점심
1day Best Place	카타니아 어시장
1day Thanks Point	친절한 호스트 프란체스코

✓ 늦잠 자기
✓ (유명한) 샌드위치 먹기
✓ 수영하기
✓ 선셋 요트투어

타고난 DNA는 어쩔 수 없나보다. 막상 늦잠을 피우려니 침대에서 좀이 쑤시기 시작했다. 그리고 아무리 생각해봐도 여기서 입으려 사 온 여름 룩들을 내일까지 다 입지 못할 거라는 생각이 들어 옷을 골라 입고 숙소를 나섰다. 우리 숙소에서 차로 다리 하나를 건너면 다른 세계가 펼쳐진다. 카타니아와는 또 다른 여유와 항구도시의 매력이 느껴지는 시라쿠사! 이곳도 역시.. 걷기만 해도 좋다!

시라쿠사를 한 마디로 표현하면 '그리스'라고 한다. 로마시대보다 더 거슬러 올라가 그리스인이 이탈리아 땅에 처음 세운 도시가 바로 시라쿠사라고. 그래서 시라쿠사에서는 어딜 가든 남아있는 그리스 유적을 쉽게 볼 수 있다. 무려 지어진 지 2천 년이 지난 유적 옆에 근린 생활이 스며들어 있다는 게 참 신기했다. 타임머신을 타고 온 기분이랄까? 그리스 유적이라고 하면 회색빛 건물들만 떠오르기 쉬운데, 이 건물들에 꽃이 어우러지면 얼마나 예쁜 그림이 되는지 모른다. 시라쿠사에는 어디서든 이렇게 생기있게 핀 꽃들을 볼 수 있다. 내가 본 시라쿠사는 역사와 자연, 삶이 조화롭게 어우러진 도시다.

마침 장이 열려서 한 바퀴 돌아봤다. 시장 구경을 하는 것만으로 여행 아침이 부지런할 이유는 충분한 것 같다. 나는 로컬 시장이 너무 좋다. 시라쿠사의 시장은 카타니아 어시장에서 받은 활기찬 기운도 있었지만, 비교적 소란하지는 않은 분위기였다. 관광객들과 주민들이 비슷하게 섞여 있어 조금 더 자연스러운 풍경처럼 느껴졌다. 아침겸 점심으로 맛있는 한 끼를 먹어볼까? 싶어 예쁜 노천식당을 골라 자리 잡았다. 봉골레파스타, 연어구이&새우&오징어 등의 해산물 모둠, 감자튀김을 먹었다. (기본 3메뉴는 당연한 듯 시키는 중) 모처럼 아침을 여유롭게 시작했고 밥도 제 때 든든히 먹은 것 같아 상쾌한 기분이 들었다. 이 좋은 기분으로 시원한 모닝맥주 원샷!

이 동네에서는 길을 모르는 누가 봐도 '여기다!' 싶게 웨이팅 줄이 길게 늘어선 곳이 우리의 목적지인 샌드위치 가게다.

가게 이름의 'Borderi'는 사장님 이름인 보데리 할아버지 이름을 딴 것이라는데, 샌드위치만큼이나 유명해진 할아버지는 아쉽게 부재중이셨다. 샌드위치 하나를 쟁취하는 데까지는 절차가 나름 복잡했다. 먹고 가는 사람과 or 포장 손님 / 샌드위치 or 다른 메뉴 등 먼저 체크해서 진입해야 하고, 어디선가 번호표를 뽑은 후 전광판에 번호가 띄어져야 주문이 가능한 곳이다. 이 모든 게 5평도 안 돼 보이는 매장에서 이루어지는 놀라운 시스템. 그 와중에 각자의 로직이 확실한 직원들은 노래를 흥얼거렸고, 손님들의 호응을 유도하며 함께 어울리기도 했다. 일을 하면서 저렇게 즐거워할 수 있다니. 센세이션한 노동 현장이 아닐 수 없다.

√ Caseificio Borderi
Via Emanuele de Benedictis 6 Mercato di Ortigi, 96100

샌드위치는 한뼘 정도되는 어마어마한 두께의 비주얼을 자랑한다. 파니니 위에 갖은 종류의 햄과 치즈들로 쌓아 올려지는 걸 보고 있으면 군침이 절로 난다. 불맛을 내는 퍼포먼스에 넋을 놓고 구경하다, 바로 썰어주는 햄, 치즈를 맛보게 해줘서 웨이팅이 즐겁기까지! 먹기도 전에 이미 맛있는 최고의 샌드위치가 되어 있다.

선택하는 빵, 재료별로 가격은 다르지만 샌드위치 한 개당 7~11유로 정도. (한 개를 두 명이서 컷팅해서 먹을 정도의 양이다) 이따 바다에서 수영하고 먹을 생각을 하니 오늘 하루가 잘 풀릴 것만 같았다.

샌드위치를 사는 데에 생각보다 많은 시간을 소모했다. 서둘러 숙소로 돌아와 수영복과 비치타월 등을 챙겨 다시 나왔다. 우리가 열심히 검색해둔 예쁜 비치를 떠올리며 잘 찾아갔는데! 세상에... 눈을 씻고 이쪽저쪽 두리번거려도 우리가 봤던 그 스팟이 없는 거다.

누가 봐도 이 구역의 모든 걸 꿰뚫고 있을 것 같은 만랩인 아저씨가 보였고, 스팟 사진을 보여주며 여쭤봤다. 대답은 절망적이었다. 우리가 찾은 그 위치는 맞지만, 한여름 성수기에만 개장을 한다고... 청.천.병.력.망.연.자.실.. 우리 사우스코리아에서 왔는데!!! 라고 누구에게 토로할 수도 없는 노릇. 다른 선택지는 없었다. 시간은 이미 3시가 넘었고, 프란체스코와 요트 시간을 맞추려면 여기서 한두 시간이라도 머물다 가는 게 최선이었다.

✓ Cala Rossa Beach
주소 : Lungomare d'Ortigia, 96100 Siracusa SR, 이탈리아

울퉁불퉁 돌바위에서 각자 자리를 펴고 그저 바다 자체를 즐기고 있는 사람들을 보니 내 투정이 어쩐지 초라하게 느껴졌다. 적당한 곳에 우리도 자리는 잡았는데, 입고 온 비키니가 무색하게 물이 아주아주 차가웠다. 물에 들어가는 건 무리라고 판단했다. 감기도 아직 완전히 떨어진 게 아니니까. 그래도 첨벙첨벙 수영도 하고 물놀이를 하는 사람들이 몇 있었다. 이 자유로운 사람들과 풍경들을 바라보는 것만으로도 지상낙원 아니겠나.

Cala 해변이라고 검색해서 찾은 곳이인데 수심이 깊지 않아 수영하기에 제격이라고 한다. 10월까지도 수영이 가능한 곳이라고. 스노클링하기에도 좋다고 하니 6월 말이 지나 성수기가 되면 꼭 누구든 우리대신 와주면 좋겠다.. 이곳에서 나를 유일하게 불편했던 건 처음 우리를 응대해준 터줏대감 중년 아저씨였다. 한량처럼 이곳 저곳을 활보하고 다니던 그 아저씨는 시종일관 너무 노골적으로 나를 쳐다보시는 거다. 눈살을 찌푸리거나 째려봐도 아랑곳하지 않고 쳐다보는 그 시선 때문에 신경이 곤두섰다.

대신 나는 귀여운 비치타올을 깔고 시간을 보내는 금발 소녀들에게 눈을 돌렸다. 뤼미큐브 같은 게임을 하다 또 열심히 책을 읽다 하는 모습이 이 바다와 참 어울렸다.

나도 물에 들어가지 못하는 대신 가져온 책을 읽었고, 낮잠에도 빠지곤 했다. 오히려 좋다는 말이 와닿던 순간이었다. 물놀이를 하러 온 목적 달성보다, 물 밖에서의 시간과 풍경에 집중할 수 있었던 좋은 시간. 이 바다 위, 이 하늘 아래서 읽은 책에도 몰입할 수 있었던 완벽한 시간.

사실 나는 지금 망망대해에 있다.
고정적인 밥벌이가 중단됐고,
사랑이자 친구를 잃었고,
삶의 방향 감각이 제로선이 되어버렸다.

삼십대 중반의 기로에 서 있는 나
이대로 괜찮은 걸까?

이삼십대로 돌아간다면 어떻겠냐는 질문에
어느 사십대 중반의 여자 연예인이 이렇게 답했던 게 생각났다.
"그때로 돌아가고 싶지 않다.
너무 힘들고 방황했던 시절이어서 오히려 지금이 행복하다"

나도 지금 이 순간, 이 시절이
돌아오고 싶지 않은 가장 힘든 젊은 날이 되면 어쩌지?
힘들 수는 있겠지만, 행복마저 포기하고 싶진 않다.

돌아가면 더 잘해야 할 것들이 산더미다.
누구도 아닌 나 자신에게 약속하고 온 여행이므로
무슨 일이 있어도 반드시 지켜내고 싶어졌다.

프란체스코와 약속한 요트투어 시간에 늦지 않게 자리를 정리하고 일어났다. 그때 눈빛 부담의 터줏대감 아저씨가 다가왔고, 본인의 친구와 넷이서 한 잔 하자고 말을 거시는 거다. 나는 다음 일정에 늦었다고 설명하며 아주 정중하고 친절하게 거절했다. 하지만 눈치없는 이 아저씨는 같이 사진이라도 찍어달라고 하셨고, 내키지 않은 사진을 찍어주고 나서야 겨우 우리 눈앞에서 사라지셨다. 불쾌함을 씻어내고 걸어가는데, 이번엔 오토바이를 타고 휘파람을 불며 인사하던 아저씨들.. 느끼한 윙크까지 날리고 가는 그들의 뒷모습이 내 눈에는 또 다른 스팟을 찾아 떠나는 하이에나처럼 보였다.

그렇게 다소 불편했던 에피소드를 뒤로 하고 다시 아름다운 바닷길을 걸어 주차장에 도착하니 불청객은 따로 있었다. 우리 차에 불길한 기운의 딱지가 떡하니 붙어 있는 거다. 정산을 하지 않고 불법주차를 했다는 주차위반 딱지였다. 억울했다. 우리는 분명히 선결제를 했고, 주차표도 정상적으로 잘 뽑았기 때문이다. 문제는 그 표는 소중하게 소지하고 있을 게 아니라 차 앞에 잘 보이게 꽂아뒀어야 한다는 것이었다. 주변에 다른 차들을 둘러보니 이제야 뭘 잘못했는지 인지가 됐다. 휴.. 이런 시스템 하나하나가 다 난관이었다. (결국에는 한국에 돌아와 영수증을 첨부한 이메일을 보내 잘 처리했다)

(✓ 영수증만 꽂아두면 아주 편리하게 이용할 수 있는 주차장이므로 저-장)

국제면허증만 있으면 다 된다고 생각했는데, 내가 너무 무지하고 방심했다. 외국인만큼 교통법도 다르고 관례도 다 다를텐데 말이다. 괌이나 크로아티아에서 렌트카는 별 불편함 없이 운행했기에 이곳에서도 차만 잘 굴러가면 된다고 생각한 게 오산이었다. 아무튼 다른 나라보다 이탈리아, 특히 시칠리아의 렌트카 이용은 충분히 잘 숙지하고 오는 게 좋겠다.

이제 요투 투어를 떠나자! 숙소에서 프란체스코를 만나 선착장으로 고고! 베르나르 베르베르를 닮은 선장님이신, 프란체스코의 친구분도 함께 출발했다. 좋은 사람 옆에는 좋은 사람이 있다는 듯, 베르베르 친구분도 프렌체스코 만큼이나 스윗하셨다.

내 느낌에 '요트'보단 '보트'라는 명칭이 더 잘 어울리는 작은 배였다. (요트와 보트의 차이를 찾아보니 정확한 구분은 어렵지만 유럽 중심에서는 요트 용어를 주로 사용하고, 미국 중심에서는 보트 용어를 주로 사용한다고 한다) 하지만 규모는 중요하지 않았다. 이 작은 요트에 타자마자 감동과 설렘이 물밀듯이 밀려왔다. '오늘 하루에도 수도 없이 있었던 이런저런 일들과 난항들이 이 보트에서 다 보상받겠구나' 나는 확신했다.

보상 그 이상이었다. 보트에서 묵직하고 시원한 바람을 온 몸으로 느끼면서 더이상 아무것도 바랄 게 없어졌다. 섬 전체가 호텔이라던 특별한 섬, 어느 한적한 섬마을에서 열리던 요가 클래스, 해변가에서 손 흔들어주던 수많은 사람들과의 인사, 섬 안에서는 볼 수 없는 오래된 성 외곽 돌기 등 정말 돈 주고도 할 수 없을 것 같은 값진 경험들을 눈에 한가득 담았다. 베니스에서 질리도록 수상버스를 타면서 멋진 배경들과 물길을 많이 경험했지만, 이 작은 보트에서 순간들과는 비교할 수 없었다.

사실 여행 오기 전까지 내 자존감은 바닥을 찍고 있었다. 내가 너무 형편없는 사람이라고 생각하며 스스로 괴로웠던 시기였다. 여행 중에도 예상치못한 악재들이 생기면 '역시 내가 그럼 그렇지'라는 못난 생각이 뒤따랐다. 그런데 지금 설명할 길 없는 이런 말도 안 되는 호강을 누리고 있다니.. 어깨의 힘이 스르르 풀리면서 되려 내가 했던 시시한 생각들로 벌을 받는 기분이었다. 이제야 비로소 나를 토닥토닥해줄 수 있는 서럽고 행복한 순간을 만끽하면서 혼자 많은 눈물을 훔쳤다.

손 닿을 수 없는 이 거리에 와서
손쓸 수 없을 지경에 다다른 것들을 떠올린다.

그때 나는 어루만지는 것에 익숙치 않았고,
그런 손길을 누구도 내게 알려주지 않았고,
얼마나 꽉 잡아야 놓치지 않을 수 있는지도 알지 못한 채
언젠가 놓아야 한다고만 생각했다.

헐겁고 위태로웠던
내 것이지만 내 것이 아니었던 것들
정의할 수 없는 그런 것들을
해가 지는 이 바다에서
마지막으로 떠올리고자 했다

새 삶을 살아야 할까
헌 삶을 살아야 할까

고민한다고 될 일인가

이 엄청난 선물을 받고 우리는 고작 샌드위치와 콜라를 나눠드리는 것밖엔 드릴 게 없었다. 그것마저 너무 고마워해주던 두 스윗 가이에게 세상에 이렇게 순수하고 좋은 사람들이 있어 다행이라는 인류애마저 느꼈다. 배 기름값만 생각해도 이 요트투어는 정말 말도 안 되는 봉사가 아닐 수 없었다.

요트에서 보고 느낀 것들 모두 근사했지만, 지금 와서 곱씹어봐도 프란체스코와 베르베르와 함께 했던 교감만큼 황홀하진 않았다. 우리 모두 영어가 서툴러 버벅댔고, 그럼에도 서로에게 더 귀기울이고 더 표현하려 애썼다. 그들의 표정과 말투만으로 많은 것들이 느껴졌고, 나의 웃음과 눈빛으로 많은 것들을 전했다.

살면서 꼭 다시 만날 일이 있는 인연이기를,
그땐 오늘 내가 느낀 고마움과 감동을 느끼게 해줄 수 있기를,
우리에게 베푼 호의가 언젠가 꼭 당신들에게 되돌아가기를

이 투어를 놓쳤다면 시칠리아의 행복이 훨씬 덜 했을 거라 장담한다. 끝까지 요트투어의 고집을 부려주던 동행자에게 무한한 고마움을 느꼈다..

1day Best Food	보드레 할아버지 샌드위치
1day Best Place	바위에 누워 책 보던 Cala 해변
1day Thanks Point	황홀했던 요트 투어

✓ 어제 못 잔 늦잠 꼭 자기
✓ 노토 섬 가기
✓ 편지 쓰기
✓ 여유롭게 시라쿠사 시내 여행
✓ 푸짐하고 맛있는 저녁 먹기

시라쿠사에서 30분 떨어진 노토라는 섬을 가볼까 계획했었지만, 과감하게 포기했다. 시라쿠사가 기대 이상으로 마음에 들었고, 어제 요트 투어에서 본 거리들을 직접 거닐고 싶어졌다. 걷다가 멈추고 싶은 곳에 멈추고, 머물고 싶은 곳에 머물며 여유롭게 보내기로 했다. 늘 결심은 그렇다. 여.유.롭.게.

밖을 나서자마자 하늘 자체가 여행이다. 더웠지만 습하지 않아 좋았고, 민소매 원피스에 선글라스 하나 쓰고 다니기 좋은 날씨였다. 차를 몰고 10분쯤 나가니 시내에 들어섰다. 가장 먼저 항구 앞 공원이 보였다. 시라쿠사 본토와 오르티지아라는 섬을 잇는 다리를 양옆에 끼고 있는 꽤 넓은 공원이다. 파리에 있는 튈리르 정원에서 처음 봤던 네모나무와 예쁜 벤치들이 줄지어 있어 걷고 싶게 했고, 머무르고 싶게 했다. 공원에 쭉 늘어선 카페들 중 뭔가 멋진 포스가 느껴지는 직원 언니가 있는 카페로 들어가 자리를 잡았다. 커피와 까눌레를 시켰고, 오늘도 어김없이 스프리츠 한 잔도 시원하게 들이켰다. 맛이 무슨 필요가 있겠나. 지금 내 눈앞이 뭉게뭉게 구름꽃밭인데!

오늘 여유로운 시내투어를 하면서 드문드문 편지를 쓰려고 편지지를 챙겨나왔다. 이런 곳에서라면 정신이 덜 깬 아침부터라도 감성이 올라와 가장 솔직한 편지를 잘 쓸 수 있을 것만 같았다. 커피 한 모금 마시고, 편지 몇 줄 적고, 바다를 바라보면 저마다의 방법으로 이 공원을 즐기는 사람들이 보인다. 우리처럼 차나 맥주를 마시는 이들, 러닝을 하거나 자전거를 타는 이들, 낮잠을 자거나 혼자 여유롭게 쉬는 이들..

비록 내 마음은 여유가 없을지라도 여유로운 사람들을 보니 여유가 생기는 기분이랄까? 나처럼 각박해보이지 않는 사람들을 보는 것만으로 휴식이 되는 듯 했다. 그리고 그들 틈에 속해 나도 가여운 내 발을 좀 쉬게 했다.

그렇게 스스로는 나름 이 곳 주민 바이브로 앉아있다고 생각했는데, 어떤 한국인 여자가 다가와 우리에게 혹시 한국인이냐고 물었다. 아까 우리가 앞을 지나갈 때 옆에 있던 외국인 친구에게 "같은 한국인들이다"라고 확신했고, 외국인 친구는 "얼굴만 보고 떻게 아냐"고 믿지 못해 내기를 했다고 한다. (보통 유럽인들은 아시안을 다 비슷하게 보기 때문, 우리가 유럽인들의 국적을 구분하지 못 하듯..) 우리도 반가워하며 한국인 찾기 정말 힘든 동네라고 맞장구쳤다. 서로서로 맛집 공유를 하며 볼 수 있으면 또 보자고 "차오!(bye)" 했다. 이런 에피소드가 생길 정도로 시칠리아엔 정말 아시안이 드물다.

천천히 항구 길로 나 있는 시내에 진입하며 예쁜 상점들, 사람들을 구경했다. 바닷길과 이어지는 골목들이 흐드러지게 예쁜 동네였다. 어느 골목에서 우연히 빈티지 종이 엽서들을 만났다. 언뜻 보기에도 특이한 재질의 이 종이는 파피루스(Papyrus)인데 역사상 최초의 종이라고 한다. 사실 내가 글 쓰는 걸 좋아하게 된 이유도, 책을 좋아하게 된 이유도 바로 '종이' 때문이다. 종이가 주는 질감, 냄새, 책장을 넘길 때 바스락 소리, 색 바랜 책의 멋.. 이런 것들에 자주 사로잡히곤 한다.

그리고 나는 여행이나 전시에 가면 꼭 엽서 몇 장씩을 사와 모으는 취미가 있다. 선물용으로도 소장용으로도 손색이 없고, 가장 저렴한 가격에 살 수 있는 가장 가벼운 굿즈이지 않나. 그렇기 때문에 여러모로 이 파피루스 엽서는 나에겐 의미있는 기념품이다. 엽서치고는 굉장한 가격이었지만, 여유가 된다면 백 장도 더 사고 싶었다.

이 엽서 가게로 이어진 오픈된 공방에 들어가보았는데, 코스터를 초벌하는 작업이나 조각품을 만드는 작업들이 이루어지고 있었다. '싸고 좋은 것'을 사는 게 구매자로서는 가장 현명한 소비겠지만, 핸드메이드 작품들은 마그넷 하나도 귀하지 않은게 없는 것 같다. 이 공방을 둘러보면서 수많은 로컬 작가들, 예술가들이 배고픈 아티스트가 되지 않기를 바랐다.

공방을 나와 도처에 널려있는 쇼핑 거리들을 부지런히 쫓아다녔다. 시라쿠사에는유난히 작고 예쁜 핸드메이드 제품들이 많았고, 그래서 하나하나 더 눈길이 갔다. 테이블 매트 하나, 물컵 하나에도 눈길이 가서 발길을 멈출 정도로 빈티지하고 감각적인 것들이 즐비해 있다.

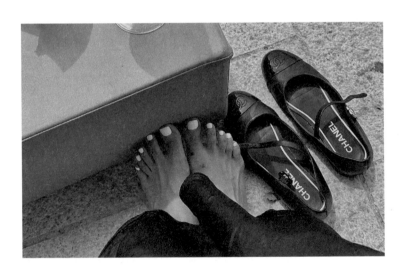

먹는 것, 입는 것, 감상하는 것 하나라도 부족한 게 없는 스트릿들. 왜 분야를 막론하는 수많은 작가들이 시칠리아에서도 이 시라쿠사를 일부러 찾아오는지 알 것 같았다. 고고학의 유적지임과 동시에 자유롭고 사랑스러운 영감을 받게 해주는 곳임이 틀림없었다.

시라쿠사의 대성당 쪽을 오면 디아나 분수 등 그리스식 건물이나 바로크 양식의 파사드가 혼재해있다. 영화에서만 보던 그리스 신전의 아우라가 나는 광장에서 사진을 찍고 싶은 포인트들이 있었는데, 그럴 때마다 때 지어 다니는 관광객 때문에 쉽지 않았다. 왔던 도시들 중 가장 단체 관람객이나 학생들이 많은 스팟이었다. 우리나라에서 경주 불국사에 온 느낌이랄까?

광장을 나와 거닐다보면 또 다시 바다가 내려다보이는 예쁜 골목에 들어선다. '아레투사의 샘'이라는 샘을 보기 위한 사람들이 대부분인 것 같았다. 바다 안에 있는 샘이라는 게 특별한 의미를 지니고 있었고 보기에도 아름다웠다. 그리스신화에서 아름다운 용모를 가진 '아레투사'라는 님프, 그리고 '아르테미스'신의 사랑과 순결에 대한 설화가 있는 샘이라고 한다.

'샘'이라는 단어나 어감이 '강'이나 '바다'보다 훨씬 곱고 투명한 느낌을 주는 것 같다. 이 아루투사의 샘도 그랬다. 티없이 맑고 투명해보였고, 학이나 두루미들에게 보금자리를 내어준 고마운 샘이었다. 그리고 국적과 상관없이 어딜 가나 이런 자물쇠가 걸려 있는 걸 보면 신기할 따름이다. 이곳에서는 누가 어떤 사랑이나 소원을 빌었을지 문득 궁금해졌다.

그리고 한참동안 탁 트인 바닷길을 걸었다. 바다의 고요함과 평온함이 무한한 길, 다른 한쪽으로 고개를 돌리면 먹고 마시고 즐기는 사람들로 북적북적한 정반대의 분위기가 공존하던 길이었다. 걷다보니 동행자와도 자연스레 몇 미터쯤 떨어져 있었다. 각자의 보폭으로 각자의 감정을 누리기에 좋은 길이었고, 가도 가도 계속 걸을 수 있는 길이 있어 마음 놓이던 길이었다.

쓰레기통마저 작품처럼 보이는 이 풍경. 다 쓴 것, 더러운 것은 더러운 곳에 버려야 한다는 인식을 전환할 수 있었던 풍경이었다.

돌아갈 삶에 대한 걱정이 하루 더 가까워졌다.

이곳에서도 눈을 뜨면 오늘의 날씨 걱정을 하고,
무얼 입을까 무얼 먹을까 무얼 남길까 고민하고 기대한다.
그러다 해가 지면 깜깜한 불안이 엄습해 오는 거다.

다시 내가 살아가고 있는 곳으로 돌아가면
모진 풍파는 몇 번이고 더 불어닥칠테고.
사랑을 하는 것도 받는 것도 까마득해질테고,
꿈처럼 살 수 없다는 걸 더 절실히 깨달아 갈테지.

그럼에도 여행은 꺼져있던 나를 부풀게 하고,
순수하게 되돌려주는 유일한 통로 같은 것이다.
마치 이 바닷길처럼.

어제 요트 투어에서 봤던 캐슬에 다다랐다. '마니아체 캐슬(Castello Maniace)'인데 오르티지아 섬의 동남부 끝에 위치한 요새로, 군사적 요충지였다고 한다. 입장료는 4유로였는데 우리는 그냥 주변을 둘러보는 것으로 만족하기로 했다. (주변에 있는 것만으로 성 안에 있는 것 같은 충분한 느낌이 들었기 때문이다)

많이 걸었기 때문에 잠깐 멈춰 시기에도 좋은 타이밍이었다. 낮잠을 자기도 좋은 타이밍이었나보다. 동행자는 어느새 벤치에 자리를 잡고 누웠다. 나는 파도소리가 가장 잘 들리는 곳에 자리를 잡고, 드디어 너에게 쓴 편지를 완성했다.

To. 나에게 미련이 없다는 너에게

나는 이탈리아에서 마치 제주도 같은 섬, 시칠리아에 왔어.
아침에 나와 산책을 했고, 마음에 드는 카페에서앉아 그림같은 구름, 바다, 노래까지
모든 게 완벽한 시간을 보내고 있어. 이 편지지는 떠나기 전 일부러 챙겨나왔단다.
이 섬을 떠나기 전, 너에게 쓰려고 말이지.

결론부터 말하자면 이 편지는 나의 프로포즈 편지야.
그렇게 완강하게 비혼주의를 고집하던 내가 프로포즈를 한다니. 많이 놀랐겠지?
결혼보다는 평생 서로의 편이 되어 친구처럼 다정하고 재밌게 함께 하자는..
그런 내 진심을 전하고 싶었던 것 같아.

여행은 너무너무 고되고 힘난해.. 벌써 비행기도 세 번이나 탔고,
23키로나 되는 내 몸집만 한 캐리어와 가방 두 개를 이고 지고 나르면서
어깨와 발은 이미 상처투성이야.
같이 온 동행자와는 이런저런 트러블이 생겼다 또 풀었다를 반복하고 있고,
드문드문 한국인 동행자들도 만나면서 새롭게 리프레쉬 하기도 해.
그렇게 사람들과도 엎치락뒤치락하며 다시다난한 경험 중이야.

그래도 가는 곳마다 말도 못하게 아름다워. 힘든 순간엔 짜증나고 욕만 나오는데
이상하게 눈물이 터지는 건 아름답고 행복한 때야.
그리고 그럴 때 네가 너무 많이 떠올라.
유쾌한 너와 왔다면 나도 내 자신을 좀 더 내려놓고 즐기고, 더 많이 먹으면서
원 없이 행복해했을 것 같아. 이탈리아는 정말 사랑에 빠질 수밖에 없는,
사랑하는 사람과 함께 하고 싶은 나라라는 걸 여행을 하면 할수록 체감하고 있거든.

궁금하다. 너는 나와 함께 했던 여행들이 행복했어?

일을 또 한 번 그만두면서 그리고 또 한 번 너와 헤어지면서 그런 생각들을 했어.
내가 힘든 일이 있을 때마다 그리고 새로운 무언가에 적응하고 도전할 때마다
네가 묵묵히 옆에 있어줬다는 거.

나는 지금 조금 위태롭고 외롭거든.
그래서 헤어진 후에도 또 연락하고 얼굴을 보고 했던 것 같아.
네가 술 마시고 전화해 이제 더는 미련이 없다는 말을 했을 때,
내 마음이 얼마나 내려앉았는지 넌 모를 거야.
혹시 내가 널 이 정도까지 아프게 했던 걸까? 많이 생각했어.
사실 너는 그래도 되는데 말이지.

미안해. 내가 참 많이 헤어지자고 했었지.
말과 표정들로 준 상처도 많았을 테고,
가치관이니 신념이니를 내세우며 벽을 세우기도 했을 거야.
그래놓고 이제 와서 프로포즈 편지라니.. 평생 함께 하자니.. 참 우스울 수도 있겠다.
내가 많이 아프게 했다면 다시 한 번 정중히 미안해.

안녕, 나는 이제 로마에서 사흘을 보내고 한국으로 돌아가.
사실 이 편지가 전해질 수 있을지 나도 잘 모르겠어.
하지만 네가 잊고 싶지 않은 나의 오랜 연인이자 친구라는 건
시간이 지나도 변함없을 거야.

ps. 내가 잘 있는지 전화해줘서 고마웠어.
그 부재중 전화 한 통 만으로 힘을 내서 여행하고 있으니까.

2023년 5월 31일 시칠리아에서 너의 수지였던 수지가 -

이런 뷰와 분위기에서 옛 남자친구에게 편지를 쓰는데 눈물이 안 났다면 거짓말이 겠지만, 각오했던 것보다는 덤덤하게 편지를 끝맺고 성 밖을 나왔다. 이 머나먼 나라의 아름다운 성곽에서 가장 사랑했던 사람에게 편지를 쓸 수 있다니. 이것만으로 나에겐 충분했다.

왔던 길과 반대편으로 내려오는 길에는 해변을 즐기는 사람들이 보였다. 모래가 있는 사빈이어서 어제 우리가 갔던 돌바위 해변보다는 머물기 훨씬 편해보였다. 특별할 게 없는 평범한 해변이었지만, 특별해 보였다. 아마 이곳을 소란하지 않고 낭만있게 즐기는 사람들 덕분인 것 같다. 놀고, 먹고, 수영하라.. 놀고, 먹고, 사랑하라.. 정말 이 삼박자들이 완벽하게 어울어지는 시라쿠사다.

쿵짝쿵짝. 어디선가 조금 차분해진 분위기를 전환해줄 음악이 들려왔다. 느낌 있는 디제이(오빠)가 눈과 귀를 사로잡는 힙한 노천 카페에 들어갔다. 클럽의 바운스도 느껴지는 게 지금까지 갔던 클래식한 카페들과는 전혀 다른 분위기였다.

저녁 먹기 전 시원하게 목을 축이기 위해 휘고 스프리츠를 시켰는데, 이 곳에 와서 먹은 스프리츠 중 가장 내 입맛에 맞았다. (가격도 제일 비쌌다) 한두 모금에 금세 내 얼굴은 불타는 고구마가 되고 말았지만, 이마저도 이 카페 분위기와 뭔가 잘 어울리는 기분이 들었다. 스프리츠(spritz)는 이탈리아의 와인을 베이스로 한 칵테일인데, 오렌지 산지로도 유명한 시칠리아에서는 대중적인 음료라고 한다. 베니스나 피렌체, 그리고 어젯밤에도 열심히 스프리츠를 마셔보았지만 모히또 같은 맛이 나는 이 맛이 가장 맛있었다.

이제 푸짐하고 맛있는 저녁 먹기를 실행할 차례. 아까 바닷길을 걷다 봐두었던 식당 하나를 골라 들어갔다. 곧 선셋 타임이기 때문에 좋은 자리를 앉는 게 중요했다. 우리는 이 해가 지고 밤이 지나면 시칠리아를 떠난다. 이런 아쉬운 마음이 무색하게 해는 참 예쁘게 빨리도 저물었다.

남기더라도 푸짐하게, 맛있는 걸 잔뜩 먹자는 우리의 다짐은 성공적이었다. 육고기보다 해산물 쪽을 훨씬 선호하는 나에게 시칠리아는 식도락의 천국이다. 다른 어떤 이탈리아 도시보다 내 입맛에 맞는 음식들이 많은 섬. 이렇게 또 다시 와야 할 이유를 기억했다.. 하루종일 본 바닷길이었는데도 저녁이 입혀진 하늘과 바다는 또 다르게 아름답다. 풍경을 보느라 보지 못했던 사람들의 모습도, 건물 하나하나의 파사드도, 반짝반짝 배들이 정박해있는 항구도 더 또렷하게 잘 보인다. 이 장면들을 놓치고 떠났다면 내 기억에 이만큼 시라쿠사가 아름답게 남아있을까? 싶어지는 거다. 한 게 별로 없는 것 같지만, 가장 많이 걸으면서 가장 풍부한 감정과 생각들을 온전히 느꼈던 하루였다.

내 주변에는 자신의 몸과 마음을 고단히 쓰고 살아가는 사람들이 있다.
물론 그들은 내게 좋은 에너지와 자극을 주지만,
혹독하게 사는 것
버티는 것
견디는 것,
애쓰는 것
참는 것
그래서 해내야 하는 것
이걸 지켜보는 데에도 가끔은 피로감이 드는 거다.

그러다 이 섬에서 마주한 사람들의 쉼, 여유가
나에게 작지 않은 센세이션을 일으켰다.

후줄근한 차림이 초라하지 않고,
습관처럼 지어지는 미간의 주름 같은 건 없이,
쓸 데 없는 긴장감도 없이,
주어진 이 하루는 온전히 나의 것이라는 걸 잘 아는 듯 즐기는 사람들.
그들의 얼굴은 편안함에 이르러 있었다.

그 속에서 유일한 한 사람.
이 평화의 섬에 마치 세상 모든 시름을 투척하러 온 듯한 나에게
이물감이 느껴지는 거다.

내 자리로 돌아가면 늦었다고 해도 아직 늦지 않은 삶을 살아봐야겠다.
남은 30대에는 해내지 않는 것도 꽤 괜찮을 수 있는 나로 성장해야겠다.
아끼는 이들에게 잘 해내길 바란다는 응원보다
잘 하지 않아도 괜찮다는, 해내지 못해도 행복할 수 있다는 메시지를 전달해야겠다.

낭만이란 낭만은 다 짊어지고 있다는 듯 어깨에 힘을 잔뜩 주고 걷는데
샌들이 뒤집어졌고, 본능처럼 "엄마야!" 소리가 입 밖으로 튀어나온 게 웃겼다ㅎㅎ

1day Best Food	일몰 보며 푸짐하게 먹은 씨푸드
1day Best Place	편지 쓰던 캐슬 뷰
1day Thanks Point	말없이 같이 걸어주고, 옛 남자친구에게 편지 쓰는 나를 이상하게
	바라봐주지 않은, 외롭지 않게 함께 해준 동행자

이른 아침, 서둘러 짐을 챙기고 며칠동안 정든 시라쿠사 보금자리를 떠나야 한다. 샤워기는 없었지만, 커피 머신기도 안 됐지만, 세탁기 작동도 엉망이었지만 3박4일을 온전한 내 집처럼 안전하고 아늑하게 묵었다.

무엇보다 우리의 호스트였던 프란체스코라는 시칠리아 친구가 생긴 기분에 괜히 기분이 좋았다. 프란체스코가 기억하는 우리는 어떨까? 돌아가면 안부 엽서라도 꼭 보낼 계획이다.

집을 나섰지만 여운은 남기고 싶은 마지막 순간, 작은 카페에 들어가 카푸치노 한 잔을 호로록 마셨다. 커피 장인 느낌이 물씬 나는 백발 바리스타님의 카푸치노가 내가 원하는 느낌과 맛 그대로를 내주었다.

며칠동안 무사고로 잘 달려준 시칠리아의 붕붕이에게도 기름을 넣어주었다. 유럽에서 셀프 주유는 첫 경험이다. 이탈리아에서 기계에 대한 트라우마가 생길 지경이라 걱정했는데, 순탄하게 주유를 마쳤다. 이 붕붕이 덕분에 안전하고 더없이 편안했다. 아무리 생각해도 렌트를 하지 않았다면 자신 없는 섬투어였다. 붕붕아 고마웠어! 하지만 너도 베스트 드라이버인 나를 만나 참 엑티비티하고 즐거웠을 거야...

그렇게 렌트카 반납까지 문제없이 해냈는데... 역시 하루도 수월하게 넘어가주는 일이 없는 나의 여행이다. 캐리어 무게가 3kg 초과했고, 오버 차지로 36유로나 더 지불했다. 허튼 돈을 쓰고 기분이 아주 언짢아졌는데, 마땅히 있을 곳도 없었다. 우리는 좁디좁은 공항 구석의 바닥에 자리를 잡아야 했다. 돈은 더 내는데 앉을 자리 하나 없는 신세라니.. 현타가 제대로 온 순간이었다. 그리고 역대급 꼬리에 꼬리를 무는 줄서기를 견뎌낸 후에 비행기에 겨우 탔다.

Payment Rece

Receipt BL4NKK
Duplicate

| Confirmation: | Issued Date: |
| BL4NKK | 01-06-2023 |

Received Date:	01-06-2023
Received By:	TIA0010
Received:	VI
Total Amount:	36.30 EUR
Payment Status:	APPROVED
Remark:	

XXXXXXXX7618PAYMENTC VI

Rome

모든 길은 로마로 통한다

몸도 마음도 편치 않은 이탈리아에서의 네 번째 비행 1시간30분만에 로마 공항에 도착! 이제부터 나와 동행자는 각자 따로 흩어진다. 서로 거의 10일동안 같이 걷고, 먹고, 자고, 다투고, 화해하고, 여행했다. 자질구레한 감정이 피로처럼 누적되고 충돌해왔기 때문에 마지막 여행지인 로마는 각자 스타일대로 여행하기로 했다. 둘 다에게 좋은 선택이었다고 생각한다. 나는 일단 잘 곳, 쉴 곳이 중요했다. 마지막 사흘을 숙소의 컨디션과 불편함, 불안으로 망칠 수는 없었다. 혼자 묵기에는 비용도 부담됐고 치안도 걱정됐기 때문에 유랑에서 호텔 쉐어 및 로마 동행인을 구했다. 다행히 나와 일정까지 비슷한 또래 여자에게 연락이 왔고, 로마에서의 3박 모두 쭉 함께 묵기로 했다. 호텔도 알아서 꼼꼼히 찾아주고 내 일정에 맞춰 본인의 일정을 조정해준 이 로마 친구에게 만나기 전부터 고마운 마음이 커졌다. 우리는 로마 도착 시간도 얼추 비슷해서 공항에서 만났다. 그녀를 만나기 백 미터 전 이런 비슷한 느낌으로 먼저 도착해 기다렸다. 드디어 나타난 나의 룸메이트 '노나희'!

만나자마자 나와 비슷하게 겹치는 것들이 많아서 신기함 반 놀라움 반이었다. 우리
는 좋아하는 가수, 좋아하는 캐릭터 등 취향의 결이 비슷했다. 톰과제리의 '제리'를
휴대폰 배경화면에 깔고 있을 정도로 좋아한다거나, BTS에 빠져있는 '아미'라는 점,
그래서 '보라색'의 아이템이 많다는 점 등등.. 이런 점들로 급속도로 친해지기 시작
했다. 내가 좋아하는 것을 좋아하고 있다는 것만큼 호감을 느낄 수 있는 강력한 매력
이 또 있을까?

소매치기가 득실대기로 악명높은 테르미니역에 대한 두려움에 떨며.. 공항에서 호
텔까지 택시를 타고 가기로 쿨하게 결정했다. 택시 안에서 본 웅장한 콜로세움 뷰를
넋 놓고 바라보다 자기소개, 그간 여행 이야기를 숨가쁘게 하다보니 40분은 길지 않
은 시간이었다. 하지만 한 가지 간과한 것은, 이 곳 택시는 한국 택시처럼 카드 결제
기가 없다는 것이었고, 중간에 급하게 현금을 인출해서 50유로로 흥정했다.

아주 편하게 호텔에 도착했지만, 우리의 룸은 놀랍도록 비좁았다. 짐을 풀 수나 있을까? 고민하는 사이, 나희는 먼저 나서서 내 커다란 캐리어를 풀 공간도 만들어주고, 창가 쪽 침대를 쓰게 양보해주었다. 이런 배려라면 경로우대라도 좋을 만큼 눈물겹게 고마웠다. 어쨌든 우리가 3박이나 묵을 이 곳은 역세권이었고, 사악한 가격의 로마 호텔들에 비해 나름 저렴하게 묵을 수 있는 괜찮은 호텔인 것 같다!

만나기 전부터 배고프다고 했던 이 로마 친구를 위해 맛집을 검색하면서 바로 호텔 밖을 나와 역으로 향했다. 로마에서 테르미니역(Termini Railway Station)은 만남의 장소이자, 어딜 가든 거쳐 갈 수밖에 없는 교차로이자, 로마를 오가는 거의 모든 기차들이 응집하는 최대 중심역이었다. 쥐도새도 모르게 소매치기 당한다는 후기들을 떠올리며 우린 바짝 긴장 태세를 갖췄다. 하지만 생각보다 평범한 역 분위기였고, 악명처럼 음침하거나 지저분하지도 않았다.

√ EXE Domus Aurea Hotel (엑세 도무스 아우레아 호텔)
주소 : Municipio I – Historical Center Via Volturno, 34
싱글 트윈 룸(17㎡), 조식 포함, 3박 가격 : 810유로 (약 1,150,900원 / 2023년 6월 초 기준)

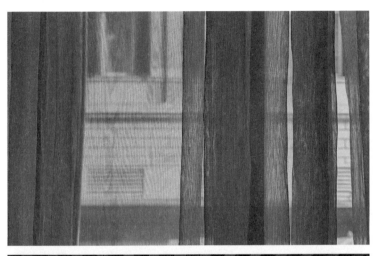

외국 사람들이 우리나라를 관광하면 과연 서울, 대구, 대전, 부산, 광주.. 도시별로
다른 분위기를 체감할 수 있을까? 이탈리아는 그랬다. 도시별로 분위기가 아주 뚜렷
하고 달랐다. 베니스, 피렌체, 시칠리아와 또 다른 로마였다.

나는 "우와! 이게 로마 분위기구나" 하며 여기저기 구경하고 사진을 찍어댔는데, 나
처럼 로마가 처음인 나희의 반응은 정반대였다. 오로지 목적지만을 향해 길을 걸었
고, 걸음도 얼마나 빠르고 보폭도 큰 지 사내스러움(?)이 느껴지는 걸음의 이 친구와
동행이 어쩐지 낯설었다. 하나하나 다른 서로에게 차차 적응하기로!

(보폭을 맞추기에는 "같이 사진 찍자" 한 마디만 한 게 없다)

로마의 첫인상에서 가장 내 마음에 들었던 건 다름아닌 '나무'다. 이탈리아 다른 어떤 도시에서도 볼 수 없었던 길쭉길쭉한 나무들이 즐비해 있던 로마의 거리. 볼수록 예쁘고 신기해서 검색해보니 이 나무의 이름은 '우산소나무'였다. 로마 나무라고 불릴 만큼 로마에서만 볼 수 있는 상징적인 나무라고 한다. 내가 본 나무들 중 가장 높은 나무가 아닐까 싶을 만큼 하늘 높이 쳐다보게 했던 이 나무 길이는 무려 25~35미터라고. 건물들과 어울어진 우산소나무 덕분에 거리도 삭막하지 않았고 고고한 분위기마저 느껴졌다. 사흘 내내 밤낮으로 이 나무를 보는 게 좋아서 로마가 훨씬 좋은 기억으로 남았다.

식당들이 거의 브레이크타임(오후 3~5시)에 걸려있는 시간이었으므로 로마에 온 기분도 낼 겸 젤라또를 먹기로 했다. 상큼한 젤라또를 먹고 또 텐션이 한 껏 올라갔다. 나희와 서로에 대한 진로 이야기를 꽤 재미있게 나눴던 것 같다. 지금 생각해보면 나희는 내 이야기를 굉장히 잘 들어주고 흥미롭게 반응해주었다. 그래서 나도 모처럼 종알종알 말하는 게 참 즐거웠다.

나는 말하는 것, 이야기하는 것에 막힘이 없지만 정작 내 이야기를 하는 부분에서는 젬병이다. 얼마나 자세하게 이야기해야 할지, 솔직하기는 또 어느 정도여야 할지, 재미도 감동도 없는 건 아닌지에 대한 우려 때문인 것 같다. 하지만 이렇게 열심히 귀기울여주는 사람이 있으니 별 볼일 없어 보이던 내 일대기(?)가 반짝반짝 빛나는 것처럼 느껴졌다. 이 젤라또를 먹던 시간동안 내가 얼마나 신났던지, 나희에게 얼마나 고마워했는지 나희에게 말해줄 걸 그랬다.

이제 나희가 오랜 검색 끝에 찾아낸 맛집으로 이동한다. 오래된 전통 레스토랑인데 맛집 순위와 평점이 아주 우수하고 유명한 식당이었다.

우리는 디너 타임 오픈 시간 전에 도착해 가장 먼저 줄을 섰지만, 예약이 필수인 곳이라는 걸 체감할 수 있게 사람들이 금방 모여들었다. 웨이팅하면서 찾아보니 150년된 유서 깊은 식당이라고. 마치 박물관 입장 줄을 서 있는 듯한 기분도 들었다. 심상치않은 분위기로 식당 직원과 대화하는 한국인 가족을 발견했는데, 결론은 아주머니가 예약을 잘못 했다는 것을 인지하고는 망연자실하시는 것 같았다. 그 사이 웨이팅 줄은 이미 길어질 대로 길어진 상태.. 나이드신 어머니와 어린 아들을 데리고 이제 와 또 어떤 식당을 찾아가셔야 할까.. 남 일 같지 않았고, 나 몰라라 하기엔 너무 마음이 쓰였다. 그래서 나희에게 같이 합석해서 여러 가지 메뉴를 나눠 먹는 게 어떻겠냐고 설득했다. 다행히 나희도 OK! 이 가족도 우리의 제안을 너무 좋아해주셨고, 자연스럽게 같은 일행으로 입장하는데 성공했다. 식당 안을 들어오니 노랑노랑한 따뜻하고도 키치한 인테리어가 한 눈에 들어왔다. 지하라서 그런지 해리포터에서 나올법한 동굴에 들어온 듯한 느낌도 들었다.

시그니쳐 메뉴를 포함, 8살 아이가 먹을 수 있는 메뉴 등 취향에 맞는 메뉴들을 골고루 시켰다. 음식을 기다리는 동안 서로 충분한 소개를 나누었다. 내 추측대로 어머니와 아들, 그리고 외할머니의 3대 가족이었다. 연구를 주로 하는 학자인 어머니가 외국 학회나 비즈니스 출장으로 인해 가끔 가족들도 동행한다고 하셨다. 그래서인지 영어가 유창하셨고, 와인에 대한 조예도 깊어보이셨다. 먼저 와인 한 병 마시자며 알아서 잘 셀렉해주셨다! 음식들은 하나같이 느릿느릿 코스요리처럼 나왔고, 주방과 홀의 시스템, 응대하는 동선들이 다소 어수선했다. 메인 메뉴만 한 6가지를 먹었는데, 당시 내가 인스타그램에 한 맛 평가 별점을 보자면 감자튀김에만 별 다섯 개를, 그 다음은 다 별 세 개 이하, 별 하나도 있었다.

√ 트라토리아 베치아 로마 (Trattoria Vecchia Roma)
주소 : Via Ferruccio, 12B/C, 00185 Rome Italy (예약 필수)

맛은 기대 이하였지만, 나의 관심은 음식보다는 온통 내 앞자리에 앉은 귀여운 아이 어진이에게 가 있었다. 초등학교 1학년 최어진. 보통 낯선 나라에서 낯선 사람을 보면 낯을 가리는 게 일반적인 저 나이 때의 아이들일텐데, 이 아이는 어쩌나 말도 많고 말주변이 좋던지.. 어진이와의 대화에 시간 가는 줄 몰랐다.

최어진군

스테이크보다 불닭볶음면을 더 좋아한다.
배가 볼록 튀어나왔지만 창피해하지 않는다.
일본, 베트남을 거쳐 이탈리아에 왔다.

"여행은 어땠어?"
"너무 행복했는데 너무 슬퍼요"
태권도 학원에서 떡볶이 파티를 하는 날,
로마에 와야 해서 너무 슬펐다고..
좋아하는 떡볶이도 있고 치즈도 있었는데ㅜㅜ

오늘 다녀왔다는 트레비분수에 대해 또박또박 잘도 설명했다.
판테온의 미스터리도 무척 미스터리하게 말하던 아이.
"구멍이 있는데 비가 안 들어와요!"

"비행기에서 토나올 것 같았는데 참았어요.
잘 하면 참아져요.. 욱하는데 이렇게 숨 참으면 되던데요?"
이렇게 아이다운 귀여움과 순수함도 한 가득이다.

"여자친구 있니?"
"어차피 차일 게 뻔해요"
라고 답해서 내 말문을 또 한 번 막히게 했던 아이.
그리고 다음 말을 들었을 때 나는 로마에서 첫 눈물을 흘릴 수밖에 없었다.
"가장 사랑하는 사람은 할머니.. 할머니랑 결혼할 거야"

먹방 유튜버와 게이머가 되고 싶다던,
내가 만난 8살 중 가장 말 많고 똑똑한, 박학다식하던
8살 최어진군과의 디너 타임은 힐링 자체였다.

어진아, 훌륭한 사람 말고 행복한 사람이 되렴!

나는 세상에서 제일 사랑하던 외할머니가 돌아가셨을 때
충분히 애도하지도 못했고, 지금도 산소에 잘 찾아뵙지 못하지만
넌 외할머니와 충분히 더 함께하고, 지금처럼 사랑스런 손주가 되어드리렴.

어진이 엄마는 우리 덕분에 편하게 저녁을 먹었다며 고맙다고 밥값 전부를 계산해 주셨다. 그리고 둘이 오붓하게 한 잔 하라며 남은 와인까지 챙겨주셨다.

여행이란 게 참 신기하다. 한국 문화, 한국 사회, 한국 사람들이 지겨워 이렇게 멀리 떠나왔는데도 또 이곳에서 이끌리고, 도움을 주고 받는 것도 한국 사람들이다.

와인 두 잔에 불타는 고구마가 된 나는 와인병을 끌어 안고 거리를 걸었다. 해질녘 하늘 아래 누가 보면 웬 주정뱅이가 하나가 걸어가고 있나 싶은 관경이었지만, 그 길이 왜 그렇게 기분 좋았는지 모르겠다.

겁 없이 나약한 아시안 여자로 떠나와서 늘 여기저기 도움만 받고 다니는 줄 알았는데, 드디어 나도 누군가에게 도움을 줬다는 생각이 마음을 살랑살랑 들뜨게 했던 것 같다.

씻고 침대에 누워서도 어진이와 나눈 기분 좋은 대화들이 여운이 남아 오랫동안 일기를 썼던 것 같다. 그렇게 일기에 집중하던 로마에서의 첫날 밤, 생각지 못한 변수가 있었다. 호텔 방음이 너무 안 돼서 강제로 옆 방의 민망한 신음을 생생하게 들어야만 했다. 베니스, 피렌체에서 묵은 호텔들에선 경험하지 못했던 일이었기에 더 당황스러웠다.

그런데 왜 나는 외국인 신음이란 걸 단번에 알았던 걸까?..

1day Best Food   한국인 가족과 마신 와인
1day Best Place   여러 행복을 주었던 식당 '트라토리아 베치아 로마'
1day Thanks Point   배려의 여왕 룸메이트 나희를 만난 일

✓ 6.2 공화국 선포의 날
✓ 쇼핑
✓ 야경 시티 투어

6월2일은 이탈리아에서 '공화국 선포의 날'이라는 의미 있는 국경일이다. 이탈리아 정부가 공화당 형태의 정부에 찬성한다고 투표한 날을 기념하는 날이라고. 페스타 델라 리퍼블리카(Festa della Repubblica) 또는 공화국 축제인 이탈리아의 국경일로 미국과 같은 많은 다른 나라의 독립 기념일과 유사하다고 한다. 특히 이 날은 로마에서 최고의 축제일과 다름없이 대통령이 주재하는 큰 퍼레이드가 열린다. 때문에 이날 여러 공식적인 행사가 열리고 은행, 상점, 식당, 박물관 등의 오픈 일정이 평소와는 다르다고 한다. 미리 체크해서 계획을 짜는 게 중요한 것. 여행 오기 전부터 이 날 로마에 있어야 할지, 로마를 피해야 할지 가장 크게 고민한 부분이다. 앞뒤 일정상 어차피 로마에서 다시 아웃해야 하기도 했고, 이런 기념일에 머무는 것도 의미있다고 생각해 쇼핑데이로 정하고 돌아다녀보기로 했다.

이 날 행사의 하이라이트는 이탈리아 공군의 곡예 순찰대 (Frecce Tricolori)의 전시였다. 판테온 신전 위 하늘에 빨강, 초록, 흰색 연기로 이탈리아 국기를 형성하는 아홉 대의 비행기 행렬이다. 아주 잠시 잠깐의 타이밍이기 때문에 놓치기 쉬운데 우리는 운 좋게 이 축제에 뒤섞여 구경할 수 있었다.

이루 말할 수 없는 인파를 보니 로마는 역시 로마인가보다. 특히 유명한 스페인광장 쪽으로 나가니 정말 사람들이 사방에서 우수수 쏟아져나오는 거다. 영화 〈로마의 휴일〉로 유명해진 이 광장은 쇼핑과 식당가의 중심에 있어 우리 식대로라면 '로타리' 역할을 해주는 중심부였다.

이탈리아에서 꼭 필수로 쇼핑한다는 구찌 아이템, 벨트를 꼭 사고 싶어하는 나희와 명품 매장이 쭉 늘어선 스트릿을 구석구석 돌았다. 명품이기에 물론 예쁜 디자인, 좋은 품질은 당연하겠지만 해외 매장만의 독보적인 분위기와 공간적인 매력을 구경하는 것도 큰 관광 포인트다. 관광지다 보니 우리나라보다 매장보다 눈치보지 않고 편하게 구경할 수 있는 것 또한 사실. 꼭 구매하지 않더라도 큐레이션이나 컬러 매칭을 둘러보는 건 감각을 높이는 데에 좋은 경험인 것 같다.

만약 스페인광장 매장에 원하는 제품의 재고가 없다면, 근처 리나센테(La Rinas-cente) 백화점에서 확인을 할 수도 있다. 백화점이니까 당연하겠지만 규모가 꽤나 크다. 자라부터 랄프로렌 등 우리나라 사람들이 좋아하는 대중적인 브랜드들은 빠짐없이 있는 것 같았다. 특히 우리는 한여름날 쇼핑중이었으므로 더위를 피하기에 제격이었다.

쇼핑은 아무리 걸어도 다리 아픈 걸 하나도 못 느끼게해주는 신기한 힘이 있다. 더위와 사람들 속에서 하루종일 얼마나 걷고 또 걸었는지 모르겠다. 예쁜 것 옆에 더 예쁜 게 도처에 널려있는데 뭐 어쩔 수 없는 일이겠지. 아무튼 국경일과 쇼핑의 콜라보로 인해 몇 시간동안 로마의 열기를 제대로 만끽했다. 어느 정도 만족스러운 쇼핑을 마치고 나니 이제야 먹을 것들이 보인다. 드디어 식당에서 몇 시간만에 앉아보는 휴식. 손님들이 꽤 있어서 맛집인 줄 알았지만, 엄청난 실망을 한 최악의 맛이었기 때문에 굳이 식당을 기억하고 싶지는 않다. 로마 번화가의 식당답게 꽤 비싼 식대였지만, 몇 입 먹고 도저히 먹을 수 없어 포크를 놔야 할 정도였다. 그저 시원하게 갈증을 풀었던 우리의 생맥주 한 잔이면 됐다. 쇼핑한 것들을 들고 다니면 잃어버리거나 도난당할까 불안했기 때문에 호텔에 보관해두기로 했다. 겸사겸사 땀에 홈뻑 젖은 옷도 갈아입고 조금 휴식을 취한 뒤 다시 길을 나섰다. 이렇게 시내에 숙소가 있으면 중간에 잠시라도 들를 수 있어 아주 편리하다. 로마처럼 관광이나 쇼핑이 주가 되는 곳에서는 더더욱 그렇다.

344   Rome

그렇게 많이 걷고 땀이 났는데 점심을 시원치않게 먹은 게 우리는 너무 속상했다. 그리고 저녁 일정을 즐겁게 보내기 위해서라도 저녁 메뉴는 반드시 맛있어야 했다. 그래서 고른 메뉴는 바로 한식! 유명한 한식당이 있었고, 맛집 후기에 진심인 나희가 꼼꼼하게 찾아본 덕분에 고민없이 직진했다. 이름부터 정겨운 '서울식당'이다.

메뉴판을 넘기고 넘겨도 끝도 없이 나오는 없는 게 없는 한식집이었다. (치킨, 돈가스, 삼겹살, 삼계탕, 동태탕, 고등어구이, 갈비탕, 닭도리탕, 내장수육 등등) 내가 가장 간절하게 먹고 싶었던 김치찌개나 된장찌개, 순두부찌개 같은 찌개류는 15유로였고, 불고기, 제육볶음, 오징어볶음 등의 요리도 14~16유로로 선이었다. 한국에서 사 먹는 한식과 비교하면 비싸다고 느낄 수밖에 없는 가격. 배가 고프긴 고팠나 보다. 김치찌개와 제육볶음을 시켜 허겁지겁 먹어댔다.

옆 테이블에선 한국인들이 삼겹살을 먹었는데, "한 점씩만 달라고 할까?" 이 농담이 절로 나올 만큼 세상에서 가장 맛있는 냄새였다. 아쉬운대로 삼겹살 대신 왕돈가스를 추가로 시켜 남김없이 먹었다. (오늘도 역시 2인 3메뉴 실행 완료)

✓ 서울식당

주소 : Via Filippo Turati, 49, 00185 Roma RM (일요일 휴무)

'모든 길은 로마로 통한다'

로마는 수도답게 볼 것도 할 것도 가장 많은 넓은 도시다. 그렇기 때문에 여행자 입장에서는 더 많은 고민이 필요한 여행지이기도 했다. 베니스나 피렌체, 시칠리아는 생각보다 위험하지 않았고 복잡한 동선은 없었던 터라 밤에 다니기에도 별 무리가 없었다. 하지만 로마는 달랐다. 이탈리아에서 치안이 안 좋기로 가장 악명높았고, 관광 명소가 몰려있는 만큼 동선도 복잡하다고 판단했다. 어떻게 하면 알차게 그리고 안전하게 관광할 수 있을까 고민하다 '야경 씨티 투어'를 선택했다.

차로 이동하는 야경투어는 우리가 여행한 날 기준 6인 정원/벤 이동/3시간 투어 조건으로 8만5천 원의 금액이었다. 숙소 앞 픽업&드랍까지 해준다는 안전하고 편리한 조건을 최우선으로 택했다. (40인 정원 대중교통(버스)이용 코스는 3만원 대로 훨씬 저렴하니 취향껏 선택할 수 있다.)

그렇게 우리와 인상좋은 이탈리안 기사님 한 분, 한국인 가이드 한 분을 포함한 여덟 명이서 고급 벤을 타고 이동하며 투어를 시작했다. 다행히 조수석 두 자리는 우리가 차지하게 돼서 럭키였다. 이탈리안 기사님이 직접 문을 열어주시고 또 닫아주시는 게 이 투어에서 '꼭 지켜야 할' 룰이었다. 지금에서야 말이지만 차에서 내릴 때마다 느껴야 하는 죄송함과 부담스러움이 공존해서 나랑은 좀 맞지 않았다. 조금 투머치하고 불필요한 서비스라는 느낌이 들었다고나 할까?

투어 코스는 프로그램, 가이드별로 조금씩 달랐는데 우리의 코스는 대충 이 정도였다.

✓ 쟈니콜로 언덕
✓ 포폴로광장 광장
✓ 스페인 계단
✓ 산탄젤로 성
✓ 콜로세움
✓ 쟈니콜로 언덕
✓ 트레비 분수
✓ 노보나 광장
✓ 테레베 강

우리가 낮에 겪은 인파는 밤의 북새통에 비하면 아무 것도 아니었다. 이 인파 속에 구글맵으로 밤길을 헤매고 다녔을 생각을 하니 아찔했다. 때문에 이 도시의 길을 누구보다 잘 알고 차량 이동이 자유로운 시티투어는 그야말로 로마에 최적화된 투어라고 생각한다.

투어의 진행 방식은 다른 투어들과 비슷했다. 가이드님은 스팟의 의미와 정보들을 재밌고 쉽게 설명해주시고, 예쁜 포인트에서 사진도 충분히 찍어주신다. 문제는 내 집중력이었다. 하루종일 쇼핑하느라 에너지를 다 소진해서일까, 아니면 긴장 테세가 풀려서일까. 이번 투어의 내용들 대부분을 내 것으로 온전히 흡수시키지 못했다. 차에서 내리면 "우와~" 하고 감탄했지만 기억에 남는 임팩트나 주의 깊게 들었던 내용들은 희박하다.

그래도 하나 배운 게 있다면 '테레베강'에 대해서다.

가이드님은 어느 예쁜 강가의 다리 위에서 물어보셨다. 이탈리아 대표 강인 이 강이 무슨 강인 줄 아는 사람이 있냐고. 나를 포함 여섯 명의 한국인 관광객들은 아무도 대답하지 못했다. '테레베강'이라고 말해주셨는데, 기억에 남는 건 그 다음 첨언이었다. 프랑스 한 번 안 가본 한국 사람들이 센느강은 잘도 아는데, 이탈리아에 와서 이 나라 대표 강은 모르냐고 뼈있는 소리를 하셨기 때문이다. 반박할 수 없었다. "떼레베 강" 한 번 더 읊조리며 내 머릿속 마음속에 저-장!

그리고 머리와 가슴으로 가장 예쁘게 기억한 곳은 '쟈니콜로 언덕'이다. 차에서 내리자마자 공기마저 다르게 느껴지던 이 곳. 시내와는 꽤 멀고 높아서 걸어오기에는 무리가 있는 곳이었다. 저마다 병맥주 하나씩을 들고 해가 지는 하늘을 바라보고 있었다. 수많은 인파를 발밑에 두고 있는 이 언덕은 로마에서 유일무이하게 고요와 평온이 깔려 있는 곳 같았다.

하지만 어쩐지 뭐라고 정의할 수 없는 공허함 같은 게 한꺼번에 몰려왔다. 나를 빼면 여기 있는 사람들은 죄다 사랑하는 연인들처럼 보이는 거다. 눈에 담기 버거울 정도로 아름다운 일몰, 그걸 바라보는 사랑하고 사랑받는 사람들이 이곳의 주인공 같았다. 여행 내내 이런 풍경은 이미 익숙해질 데로 익숙해졌는데, 왜 이 순간에는 괜한 소외감마저 들었던 걸까. 그리고 그리운 네가 떠올라 내 처지가 몹시 가엾기까지 했다. 하지만 이렇게 가슴 저미는 외로움을 느껴본 적이 언제였던가. 내가 느끼고 감당해야 할 감정이 무엇이든 아깝지 않은 아름다운 곳이었다.

모두가 사랑하는 이 곳에서 홀로 서 있는 나를 보면
아마 넌 따뜻하게 안아주었겠지.

외롭고 척박했던 내 삶에 네가 들어와 준 시간은
모진 상실감들로부터 벗어날 수 있게 해준 유일한 시간이었다.

겨울이 고통스럽지도 않았고,
적이 생기는 것도 두렵지 않았고,
혼자서 허기를 느낀 적도 없었으니.
무엇보다 네가 날 떠날 수 있다는 생각은
단 한 순간도 하지 않게 해주었으니.

여행에서 하룻밤의 끌림, 혹은 로맨스, 불같은 사랑
이런 부류의 낭만적인 상상을 해보기도 했지만,
나는 내내 때 지난 사랑에 사로잡혀
사랑과 이별을 동시에 하고 있었다.

혹시 다시 이 나라에 올 땐 함께일 수 있을까
끊임없이 생각했고,
그때마다 떠오르는 답은 같았기에
끊임없이 슬펐다.

이 야밤에 '트레비 분수'에 몰린 사람들을 보면 답도 없다. 동전 한 개를 던지면 로마에 다시 올 수 있고, 두 개를 던지면 사랑하는 사람과 다시 올 수 있다는 전설의 분수 말이다. 덕분에 이 분수대 바닥에는 매일 무려 3천 유로 정도가 쌓인다고 한다. 이 동전들은 누군가에게는 좋은 표적이 돼서 자석까지 동원해 동전을 훔치려고 하는 사람들까지 있을 정도라고. 급기야 로마시에서는 동전 수거일까지 따로 지정하게 됐고, 이렇게 수거한 동전들은 로마 내 문화재 복원과 보호에 쓰인다고 한다. 내가 던진 동전이 역사적으로 가치있고 아름다운 로마 문화재 보호에 일조할 수 있다는 게 결과적으로는 의미있는 일일지도 모르겠다. 반면에 바로크 양식의 아름다움의 절정 건축물로 손꼽힐 만큼 의미있는 분수인데, 동전 던지기 행위에만 집중되어 오히려 본질이 퇴색되는 것 같아 어쩐지 안타까웠다. 아마 이 세상에서 동전이 사라지기 전까지는 로마에서 사람이 가장 몰리는 곳은 단연 이 트레비분수일 것 같다.

개인적으로는 사람에 치여 조금 뻔했던 트레비분수보다는 '피우미 분수'가 훨씬 인상깊었다. 4대강 분수라고 불리는 이 분수는 이탈리아 대표 조각가인 베르니니의 걸작이라는데 일단 17미터나 되는 오벨리스크의 높이에 압도당한다. 유럽 대륙의 다뉴브강, 아시아 대륙의 갠지스강, 아프리카 대륙의 나일강, 남아메리카 대륙의 플라타나 강을 상징하는 4명의 거인이 조각되어 있는데 이 조각들이 굉장히 사실적이고 구체적으로 묘사돼서 놀라울 따름. 칠흑같은 어둠 속에서 나보나광장은 웅장하기 그지없었고, 행성처럼 반짝였다.

그리고 빼놓을 수 없는 로마 야경의 묘미는 바로 '콜로세움'이었다. 바로 옆은 거대한 '콘스탄티누스 개선문'이 있어 이 둘이 뿜어내는 밤의 웅장함은 이루 말할 수 없다. 사진에 별 관심없는 사람들도 부지런히 셔터를 누르게 하는 최고의 포토존이다. 나는 내일 콜로세움 입장 티켓팅을 해놓았기 때문에 가볍게 외관을 둘러보는 정도로 만족했다.

이탈리아에서 마주한 이 아름다운 것들은
죄다 최소 몇 백 년의 시간이 흐른 것들이다.
어떤 것들은 숨소리가 들리는 것도 같았고,
어떤 곳은 코 끝에 느껴지는 온기마저 감돌았다.

반면 나란 사람은 어떤가.
최소한의 시간과 최소한의 노력만으로
반짝반짝 빛나길 바라고 살아왔다.
그래서 늘 견고하지 못했고, 부서지기 쉬웠다.

부디 이 곳을 떠날 때 즈음엔
반짝이는 일회용품이 아니라,
빛이 바래도 오랜 멋을 내고자 하는 태도를 겸비할 수 있기를.

켜켜이 쌓아져서 바로 설 수 있는 사람이 되었을 때
다시 이 아름다운 것들을 마주할 수 있기를.

야경 투어가 좋았던 건, 뭔가를 머릿속에 집어넣고 습득하는 것보다 도시 자체의 낭만과 야경을 만끽할 수 있다는 데에 있다. 걸으면서 가까이서 보는 풍경도 좋지만 차에서 보는 풍경은 확실히 더 넓은 시야와 속도감을 준다. 특히나 길치에 방향 감각까지 없는 나로서는 더없는 안정감과 편안함을 누릴 수 있던 시간이었다.

물론 직접 찾아보고 찾아가기 위해 자유여행을 택했지만, 그러는 동안 고갈된 에너지로 되려 놓치는 것도 많다는 걸 깨달았다. 긴장감에서 벗어나 가장 느슨하고 편안한 상태에서 바라볼 때, 있는 본연 그대로를 더 정확하게 받아들일 수도 있기 때문이다. 그러므로 여행에서 짧은 투어들을 하는 것은 나에게 일종의 밸런스 같은 의미였다. 내가 정해둔 시간과 시야에서 벗어나 아름다운 건 아름다운 대로, 느린 건 느린 그 자체로 습득할 수 있었다.

1day Best Food	서울식당 김치찌개
1day Best Place	쟈니콜로 언덕
1day Thanks Point	눈도 마음도 호강했던 야경투어

✓ 바티칸 투어
✓ 콜로세움
✓ 먹고싶은 거 다 먹기

오늘은 로마에 온 목적이기도 한, 아주 기대되는 일정들이 꽉 차있다. 아침 일찍 반일투어를 하고 나서는 오후에는 콜로세움을 가기로 했다. 아주 타이트한 하루가 되겠지만, 유서 깊은 로마의 역사·문화와 친해지기 위해서는 그나마 최소한의 노력이었다.

어디에서든 한국인은 부지런했다. 해가 뜨자마자 집결해야 하는 바티칸 앞에서도 마찬가지였다. 로마에 있는 한국인들이 다 모여있나 싶을 정도로 수많은 코리안 인파가 몰렸다. 각 투어의 가이드님들은 익숙한 풍경인 듯 일사불란하게 관광객들의 줄을 세웠다. 바티칸 앞은 금세 꼬리에 꼬리를 물고 줄 서 있는 관광객들로 가득 메워졌다.

바티칸 박물관은 단일 박물관이 아니라 여러 박물관과 갤러리가 하나로 묶여 있는 형태라 밖에서 보이는 것보다 훨씬 넓다. 때문에 감상하는 안목보다는 근력과 지구력이 필수 요소다. 한국어 오디어 가이드가 지원되지만, 세계에서 가장 큰 박물관인 이 곳의 방대한 작품들을 둘러본다는 건 나에겐 한계다. 대부분 한국 관광객들이 굳이 투어를 선택하는 것도 그 이유일 것이다. 투어는 종일 투어 또는 반일 투어를 선택할 수 있다. 많이들 반일투어만으로도 충분하다고 해서 나 또한 덜 힘든 쪽을 택했다. (하루종일 박물관에 있을 자신이 없었다) 반일 투어 가격은 업체, 사이트마다 조금씩 달랐지만 거의 4~5만 원대였다.

* 6개월이 지난 지금 검색해보니 6만 원 이상인 곳들이 많다. 시기별로 가격 차이가 큰 것 같다

우리 가이드님은 20후반 정도 되어 보이는 왜소한 체구의 남자분이셨는데, 빠르고 정확하게 팀을 챙기고 통솔하는 모습에 신뢰감이 수직 상승했다.
(별점 5개 ★★★★★ 아깝지 않았다)

단 한 번의 이탈 없이, 가이드님 설명도 하나도 빠짐없이 집중해보겠어! 하는 마음으로 호기롭게 앞줄을 차지하고 섰는데... 가이드님이 우리에게 다가와 조심스럽게 말씀을 꺼내셨다. 바티칸 박물관과 성 베드로 대성당에서 민소매 상의나 무릎 위로 올라오는 하의는 입장 제한 규제를 받는다는 거다. 나는 민소매 상의가 문제였고, 짧은 반바지를 입은 나희는 하의가 문제였다. 아뿔싸! 내돈내산 이탈리아 여행 책에서 읽고 밑줄까지 그어놨으면서 왜 까맣게 잊고 있었을까. 하필 가져온 옷 중 가장 손바닥만 한 옷을 나는 왜 오늘 입어야만 했을까... 어떡하지? 이대로 다시 돌아가야 하나?.. 순간 공황장애가 올 뻔했는데, 다행히 문제가 되면 가이드님이 옷을 빌려주겠다고 해서 위기를 모면했다. 어쩐지.. 아까부터 스카프를 파는 상인들이 나에게 아주 적극적으로 영업을 했던 이유를 이제야 납득했다. 로마에 오면 로마 법을 따르라는 한 마디가 이렇게 적재적소에 떠오를 줄이야. 그걸 어긴 이가 하필 내가 될 줄이야.. 이미 벌어진 일, 어쩔 수 없었지만 지금 생각해도 화끈거리는 이번 여행에서의 최악의 실수였다.

바티칸 투어가 시작되면 박물관 내에서는 더 정신 바짝차리고 팀을 벗어나면 안 됐다. 그래서 우리 가이드님은 귀여운 인형 하나를 치켜들고 다니셨고, 이 인형은 투어 내내 길잡이 역할을 톡톡히 해주었다.

말로만 듣던, 세계에서 가장 작은 나라 바티칸. 국토 13만3천평(0.44km2)에서 약 750명의 인구가 살고 있다고 한다. 우리나라 경복궁의 1.3배 정도로 크고 여의도 공원 절반 정도의 면적이라고 하니 어느 정도 작은 나라인지 확 실감이 난다. 이런 나라에 온 것만으로 새롭고 재밌는 거다. 이탈리아의 로마 안에 있는 또 다른 나라, 그리고 로마를 거쳐야만 갈 수 있는 나라라니!

결과적으로 바티칸 투어는 기대를 조금도 저버리지 않았다. 바티칸 자체가 종교 국가이고, 가톨릭의 수장인 교황의 거처이기 때문에 가톨릭 신자들에게 더욱 의미가 남다른 요충지일 것이다. 하지만 종교가 없는 나에게도 바티칸 투어는 충분히 매력적이었다. 미켈란젤로, 레오나르도 다빈치, 라파엘로 등 세계적으로 손꼽히는 거장의 작품들이 잘 보존되고 있을 뿐 아니라 역사, 문화, 예술, 정치까지 다방면의 스토리를 담고 있는 곳이기 때문이다. 한두 시간도 아닌, 무려 여섯 시간 동안 가이드님을 통해 쉴 세 없이 듣는 작품들의 스토리는 조금도 놓치기 싫을 정도로 흥미진진했다. 고대 이집트 미술부터 그리스로마, 기독교 및 중세 미술, 르네상스~19세기 미술 그리고 현대미술까지 수많은 작품들을 감상할 수 있다. 천장부터 벽, 발 딛는 바닥까지 이 곳의 모든 게 고대 작가들의 혼과 영혼으로 만들어진 걸작들이다.

가장 기억에 남는 작품을 떠올려보면, 바로크로의 전기를 개척한 카라바조의「그리스도의 매장」(4~5천억 원에 달한다고 한다)에서 잿빛 얼굴을 한 죽은 예수의 그림, 늙은 성모마리아를 섬세하게 목주름으로 표현한 그림 등 사실적인 작품들이 꽤 인상깊었다.

무엇보다 작품 하나하나 눈 감고도 설명할 정도로 바티칸의 모든 걸 꿰고 있던 가이드님이 이 작품들 못지않게 경이로워보였다. 한 분야의 전문가가 되는 것, 한 분야를 완벽하게 통달한다는 것은 아직까지 내가 해보지 못한 능력이고 결핍이기 때문이다. 미대를 졸업하고 이탈리아에 와서 우연히도 운명같은 기회를 통해 가이드가 되어 살고 있는, 참 멋있고 성실한 청년. 이 나라에서 만나는 우리나라 청년들을 보면서 나도 20대 때 다른 나라에서 한 번쯤 살아봤으면 좋았겠다 생각했다.

내가 가장 먼 곳에 살았던 경험이라면, 제주도에 살았던 1년이다. 우리나라이긴 하지만 바다를 건너지 않고는 갈 수 없는 섬이라는 사실 때문일까, 그 시절을 나를 떠올려보면 분명 보통의 일상과는 다르다. 엄두도 못 내던 히피펌 같은 걸 시도하기도 했고, 독서 모임을 주최하기도 했으며, 역대급 태풍에 밤새 벌벌 떨며 고립된 적도 있다. 그리고 지금도 반갑게 연락하고 가끔 안부를 묻는 제주의 친구들도 꽤 사겼다.

끼니를 챙겨 먹는 것 말고는 특별히 사고싶은 것도 없어 했던, 가끔 육지에서 놀러 온 지인들에게 흑돼지를 사주는 것이 가장 큰 소비였던 소박하고 나다웠던 시절.

돈이 많지 않아도 누릴 수 있는 것들,
으스대지 않아도 만날 수 있는 사람들,
소란하지 않아도 충분했던 하루들,
그런 것들을 무궁무진하게 품고 돌아온 제주였다.

아무튼 내 터전과 일상을 벗어나는 건 누구에게라도 추천하는 일 중 하나이다. 엄청난 모험과 대단한 용기가 필요하다 말하지만, 나는 반대다. 곁을 떠나있던 시간 동안 오히려 사람들과의 관계는 더 돈독해져 돌아왔고, 익숙해질 대로 익숙한 삶의 소중함을 회복하는 전환점이 돼 주기도 했다. 소모하고 잃어야 하는 것들에 겁내기보다 더 얻을 수 있고 누릴 수 있는 것들의 가치도 가늠해보면 좋겠다.

바티칸 투어의 마지막 코스이자 하이라이트는 바로 옆 성 베드로 성당 투어다. 베드로 성당을 한 마디로 정의하면 세상에서 제일 작은 나라 안에 있는 세상에서 가장 큰 성당이다. 이탈리아는 자유 종교 국가이지만 국민 98%가 가톨릭 종교를 믿는다고 한다. 그 정도면 가톨릭이 곧 국교라고 할 수 있는 가톨릭의 의미가 어마어마한 국가.

성당에 들어섰을 때, 신은 믿지 않지만 천국으로 향하는 문이 있다면 이런 모습이 아닐까 싶은 전경이었다.

사실 나는 모태 천주교이긴 한데, 내 자아와 가치관이 생기면서 자발적인 무교가 되었다. 하지만 이 성당에서만큼은 그때 불리던 세례명 도미니카로 돌아가고 싶어졌다. 어렸을 때 미사 드리던 기억을 되살려 잠시 손을 모으고 마음을 빌었다.

새벽 6시에 나와 오후 1시30분이 넘어 끝난 바티칸투어. 바로 다음 목적지인 콜로세움은 한국에서 티켓을 함께 예매한 동행자와 함께 한다. 이틀만에 조우한 우리. 그동안 무얼 하고 무얼 먹는지 연락은 계속 해왔지만, 왠지 모르게 반가워 뭉클했다. 로마에서도 한인민박을 잡은 동행자는 다행히 같은 방에 묵는 친구들과 잘 어울리고 있었다. 그 사실만으로 엄청난 안도감을 느꼈던 것 같다. 그래, 피렌체에서의 악몽같은 건 다시 일어나지 말아야지.

콜로세움 입장은 현장 티켓팅도 가능하지만, 그 어려운 길을 택할 필요는 없지 않나. 콜로세움 공식 홈페이지에서 한 달 전 입장권 예매가 가능하기 때문에 웬만하면 날짜와 시간을 잘 계산해서 사전 예매하는 게 무조건 좋다. 실제로 콜로세움에 도착하니 수많은 인파가 웨이팅을 하고 있었고, E-티켓만 보여주면 패스트 트랙으로 한 번에 입장할 수 있어서 그 쾌감은 짜릿할 정도였다. (단, 조금만 늦어도 봐주는 거 없는 것 같으니 여유있게 도착할 것!)

고대 로마시대의 투기장인 콜로세움의 본질은 원형극장이다. 원형극장은 크게 두 종류의 앰피시어터가 있는데 하나는 이렇게 콜로세움처럼 검투사 경기나 서커스 관람을 하는 스타디움의 개념, 그리고 다른 하나는 시칠리아에서 갔던 곳처럼 원형 좌석이 배치돼 공연, 희곡 연주 등을 하는 예술적 상영장의 개념이라고 한다. 어쨌든 나는 이번 여행에서 두 형태 모두를 다 다녀간 것이니 뿌듯했다.

콜로세움은 로마가 건축한 것 중에서 가장 큰 원형극장이라는 것에 큰 의미가 있다. 프랑스와 파리의 상징이 에펠탑이라면, 이탈리아와 로마의 상징이 바로 이 콜로세움인 것. 실제로 피렌체의 두우모처럼 콜로세움도 외관에서만 풍기는 압도감이 상당하다. 이미 어제 야경 투어에서 경험했듯이 말이다. 하지만 가장 큰 문제가 있었다. 바티칸 투어는 온통 실내여서 땀 한 방울 흘리지 않았지만, 그늘 하나 없는 콜로세움은 정반대다. 영화 '글래디에이터'에서의 강렬한 기억과 덥고, 덥고, 더웠던 기억만 뇌리에 박혀있다.

내 시선을 사로잡는 건 오히려 콜로세움 밖에 있었다. 우산소나무와 때지은 구름의 하늘, 그 아래 사람들이 잿빛 콜로세움에 색깔을 입혀주고 있었다.

지칠 대로 지친 강행군의 하루. 이제는 기필코 밥을 먹어야 했다. 오후 3시가 넘었고, 정말 정말 늦은 점심이었다. 사실상 오늘 첫 끼인 셈. 해가 뜨자마자 나와 잠시도 앉을 틈 없이 로마의 예술과 종교, 건축을 좇아다녔다. (잠시 들른 젤라또 가게에서 마저도 서 있어야 했던 날...)

다시 나와서 봐도 콜로세움의 외관은 미련이 남을 정도였다. 이 전경을 눈에 더 오래 담아두고 싶어서 콜로세움 뷰 맛집을 찾았다. 트립어드바이저의 평점과 리뷰를 빠르게 뒤졌고, 비주얼 좋은 트러플파스타 맛집으로 향했다. 콜로세움에서 극강의 더위와 갈증을 느꼈기에 누가 말할 것도 없이 먼저 생맥주를 주문했다. 벌컥벌컥 마시던 그 맥주 한 잔에 뇌에 차오른 열기까지 시원해지는 느낌이었다.

돌로미티에서 이탈리아 감자튀김 매력에 쏙 빠진 후로는 어딜 가든 감튀는 필수 주문 메뉴였다. 이 식당에서도 마찬가지. 기대했던 트러플파스타도 감자튀김도, 그 후에 먹은 커피나 티라미수케익도 모두 허기진 배와 미각을 채워주는 데에 충분한 맛이었다. 특히 서버분이 메뉴 설명도 디테일하게 해주셨고, 생트러플을 직접 갈아주는 퍼포먼스도 퍼펙트했다. 향과 맛, 식감까지 내 입맛에 제격이었던 트러플파스타는 트립어드바이저의 별점과 칭찬 리뷰가 인정될 만큼 내 인생 파스타로 등극했다.

맥주 한두 모금에 온 몸이 시뻘개지는 나는 긴장이 풀린 채 잠시 벽에 기대 앉았다. 아, 오늘 얼마나 바지런하게 움직이고 열정을 불태웠던가. 잠시동안이라도 노곤노곤해지자... 그런데 그때 의자에 걸어두던 가방에 인기척이 느껴지는 거다. 그리고 옆 테이블에 있던 남자들이 황급히 자리를 떠났다. 내 가방을 소매치기하려다 실패한 상황임이 분명했다. 그러고보니 앉은 지 한참 됐는데 주문도 하지 않고 있던 게 이상했다. 이탈리아에서 묵는 마지막 날, 세상에서 가장 맛있는 파스타를 먹은 대신에 세상에서 제일 황당한 소매치기를 당할 뻔했다.. 정신차려 백수지! 방심하지마!! 라고 혼나듯 오늘 처음으로 숨 돌리던 ㄱ 십분만에 다시 긴장 태세로 돌입했다.

그래도 맥주부터 음식, 디저트까지 풀 코스로 가장 오랜 식사를 했던 곳이었다. 오늘은 해지기 전 호텔로 돌아가서 바티칸의 작품 사진들도 다시 천천히 넘겨보며 쉬어야겠다. 결국 아무 것도 잃어버리지 않았던, 이것만으로도 감사한 하루였다.

로마에서 그리고 이탈리아에서 보내는 마지막 밤이다. 이대로 침대에서 밤을 보내기에는 아쉬움이 한 가득이다. 때마침 혼자 관광을 마치고 돌아온 룸메 나희와 근처에서 저녁식사 겸 와인 한 잔을 할 참이다.
마지막 만찬일 수도 있으니 메뉴도 다양하게 먹어보고, 텐션도 올려보자! 라는 생각에 며칠만에 '유랑'에 들어가 저녁밥 친구들을 구해보기로 했다. 글을 올리자마자 카톡 알람이 쉴 세 없이 울렸다. 근처에 많은 한국인들이 무사히 여행하고 있구나 싶어 반가웠다.

호텔에서 한 블록만 걸어가면 되는 위치에 별점 높은 맛집이 있었다. 깜깜한 밤 시간, 가장 환하게 불 켜진 이 매장에는 웨이팅 줄이 꽤 길었다. 우리가 먼저 웨이팅을 하면서 유랑에서 연락된 새 친구 두 명을 기다리기로 했다. 그리고 웨이팅 중, 직원분이 웰컴 드링크처럼 맛보라고 나눠주신 와인 맛이 너무 좋았다. 오! 이 와인이라면 한 병을 다 마실 수도 있을 것 같다는 생각에 바틀로 시켜 먹어야겠다 마음먹었다. 그리고 새 친구들이 차례로 합류했다.

'인연'이란 게 정말 있는 것인지, 만나야 할 사람은 정말 만나는 것인지도 모르겠다. 새로운 밥 친구들 중 한 명이 내 룸메 나희와 몇 주 전 베니스에서 만났던 사이인 것이다. 유랑에서 곤돌라를 같이 탈 동행자로 만났다고. 지켜보는 나도 놀라웠는데 당사자들은 얼마나 놀라웠겠나. 덕분에 새로운 사람(남자)에 대한 긴장감도 싹 사라지고 편해졌다. 나희의 곤돌라 친구인 그는 외국 출장이 잦은 배터리 등의 부품 회사에 다니고 있었고, 몇 주만에 다시 출장차 이탈리아에 온 것이라고 했다. 마지막에 합류한 나머지 한 명의 새 친구는 우리 중 가장 어린 친구였다.

오늘 가족여행을 왔고 막내로서 가이드 역할을 하고 있다고 한다. 부모님과 누나를 리드해서 여행하는 게 여간 피곤했는지, 하루만에 좀 지친 기색이었다. 새로운 사람들을 만나 이것저것 정보도 얻고 자유의 시간을 갖고 싶었다고 한다. 나는 이 기특한 막내 가이드에게 베니스의 돌로미티투어와 오늘 먹은 콜로세움 트러플파스타 맛집을 추천했다. 물론, 바로 몇 시간 전 소매치기를 당할 뻔했던 에피소드도 말해주며 조심 또 조심하라고 강조했다. (바로 다음 날 갔는데 아버지 지갑을 소매치기 당했다는 안타까운 후문을 들었다. 괜히 추천해줬나 싶은 미안함이 들기도..)
※ 콜로세움 주변, 소매치기 극도로 조심할 것!

서로의 소개가 끝날 때쯤 스테이크, 파스타 등등 푸짐한 음식들이 차례로 나왔는데, 사실 뭘 먹었는지 맛은 얼마나 있었는지 잘 기억이 안 난다. 우연한 타이밍에 급으로 만난 우리 네 명이 함께 한 식사와 시간 그 자체가 좋았다.

1day Best Food	콜로세움 뷰 식당에서 먹은 트러플파스타
1day Best Place	바티칸시국
1day Thanks Point	이백프로 만족 바티칸투어 가이드님 &
	간발의 차로 소매치기 일당으로부터 지킨 내 가방

여행에서 새로운 인연들과 짧은 순간을 함께 하는 건 아주 괜찮은 경험이다.
또 다른 삶을 전해 듣고, 무해한 에너지를 얻고,
돌아와서는 꽤 오래 기억에 남는다.

그때 우리가 나눈 표정들과 이야기들이 진짜인지는 중요치 않다.
내가 느낀 분위기와 애틋한 감정들, 그걸로 충분하다.

오늘 밤 비행기로 이탈리아를 떠난다. 로마로 시작해 로마에서 끝나는 여행이었다. 일어나자마자 룸메 나희와 시원섭섭함을 이야기하며 호텔 조식을 잔뜩 먹었다. 새벽같이 출발했던 바티칸 투어일을 제외하고 이 호텔에서만 총 세 번의 조식을 먹었다. 나름 전망 좋은 조식 맛집이었다. 장기 여행에서 여행자의 아침밥을 걱정 없게 하는 호텔의 조식은 아주 꿀맛이다. 가장 오래 머물고, 가장 들락날락거렸던 우리의 로마 숙소. 비좁은 곳에서 나희와 해피하게 잘 지냈다.

무엇 하나 빠진 게 없는지 몇 번씩 돌아보고 체크하며 짐을 싸고 호텔을 나왔다. 나희와는 돌아가는 비행편도 같았기에 함께 택시를 타고 공항으로 이동하기로 했다. 역에 가까운 호텔에 짐을 맡겨둘 수 있다는 건 여행의 질을 높여주는 크나큰 매력이다. 이동 시간에 맞게 공항 택시도 예약해주니 말이다. 그렇게 짐을 맡겨놓고 나와서는 우리는 각자의 오후를 보내기로 했다. 나희는 마지막 쇼핑을 선택했고, 나는 글을 쓸 시간이 필요했다.

어젯밤 돌아다니며 눈여겨봤던 테라스 카페에 자리를 잡았다. 남은 몇 시간이라도 평범한 로마의 거리, 로마의 일상을 눈에 담고 싶었다.
이제 정오도 안 된 시간에 벌겋게 취한 얼굴은 익숙해졌다. 그런 얼굴을 하고 트레이닝복을 입고 글을 쓰던 내 모습이 로마에 잘 스며든 듯 느껴졌지만, 그래봤자 누가 봐도 관광객이었겠지..

로마를 떠나면서의 마지막 감정을 뚜렷하게 기억한다.
여행의 마지막은 늘 아쉽지만, 하루라도 더 머무르고 싶은 미련까진 없었다.
정신도 영혼도 체력도 모든 걸 탈탈 털어 아낌없이 지냈다.

씩씩했고, 부지런했고
보고, 먹고, 걷는 것에 고단히 감정을 쏟았다.
거나하게 취한 밤도 없었고, 게으름을 피운 날도 없었다.
방탕하게 즐기지도 못했고, 씻지 않고 잠든 날도 없었다.
하지만 그게 나였다.
내 바운더리를 지키는 것이 나다운 여행이었다.

'출국' 노래 가사를 읊조리면서
조금 더 단단해져야할 바운더리로 돌아간다.
떠올리지 않게 -
흐느끼지 않게 -
무관심한 가슴 가질 수 있게 -

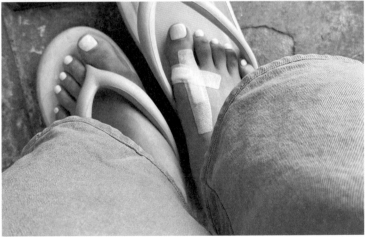

여행을 하면서
하늘을 올려다 보는 것,
타인의 표정을 보는 것,
그리고 내 갈증을 방치하지 않았으면 좋겠다.

당신의 치열한 일상처럼,
여행도 치열하지는 않았으면 좋겠다.

이제 이 모든 글은
치기어린 정서와 때지난 감정들이 되어버렸다.
맨 정신에 일기장을 들춰보는 일은 수월하지 않았고,
크고 작은 기억들을 되새겨야 하는 감정의 동요도 작지 않았으며,
상처가 된 사랑과 받아들이고싶지 않은 헤어짐도 수없이 들춰내야 했다.

썼다 지웠다를 반복했고,
꼭 남기고 싶지만 결국 남기지 못한 글과
남기고 싶지 않지만 남기게 된 글들은 어쩔 수 없어졌다.

머지않아 다시 이탈리아를 가게 된다면 피렌체와 시칠리아는 꼭 포기하지 않을 거다. 해질녘 타오르미나를 걷고, 베키오다리에서 반짝반짝 빛나는 강을 내려다 볼 거다. 누군가의 손을 꼭 잡고서.

부디 눈이 멀도록 사랑하고, 심장을 도려내듯 이별하라.
떠올리되 부를 수는 없고, 보고싶되 만날 수는 없는 절절함으로 여행하라.

- 안녕, 눈부시게 아름답고 외로웠던 나의 이탈리아 -

떠날 수 있기를

과도하게 몰두한 것들로부터
산산조각난 관계들로부터
훼손된 마음들로부터
어쩌면 나로부터

Andiamo In Italia!
이탈리아로 가자!

글 · 사진	백수지 (@realsuzi)
디자인	김종형 (@jonxhyunx)
편집	김종형 백수지
펴낸곳	NO BOUNDARY
초판 1쇄	2024년 3월 18일

ISBN   979-11-986729-3-3

* 이 책의 모든 글과 사진의 저작권은 노바운더리에 있습니다

* 경계 없는 출판을 지향하는 노바운더리는 경계 없는 관심과 문의를 기다리고 있습니다.
(@noboundary_book)
(noboundarybook@naver.com)